너도나도 똑같이
생명존중

2판 2쇄 발행 2024년 5월 12일

글쓴이	인현진
그린이	윤병주
펴낸이	이경민
펴낸곳	㈜동아엠앤비
출판등록	2014년 3월 28일(제25100-2014-000025호)
주소	(03737) 서울특별시 마포구 월드컵북로22길 21, 2층
전화	(편집) 02-392-6901 (마케팅) 02-392-6900
팩스	02-392-6902
전자우편	damnb0401@naver.com
SNS	

ISBN 979-11-6363-257-3 (74400)

※ 책 가격은 뒤표지에 있습니다.
※ 잘못된 책은 구입한 곳에서 바꿔 드립니다.
※ 이 책에 실린 사진은 위키피디아, 셔터스톡에서 제공받았습니다.

초등 융합 사회과학 토론왕 시리즈의 출판 브랜드명을 과학동아북스에서 뭉치로 변경합니다.
도서출판 뭉치는 ㈜동아엠앤비의 어린이 출판 브랜드로, 아이들의 지식을 단단하게 만들어주고, 아이들의 창의력과 사고력을 키워주어 우리 자녀들이 융합형 창의 사고뭉치로 성장할 수 있도록 좋은 책을 만들겠습니다.

펴내는 글

생명을 돈 주고 사도 괜찮은 걸까?
더 중요하고 덜 중요한 생명이 있을까?

선생님의 질문에 교실은 일순간 조용해집니다. 누군가 대답하기를 기다리다 못해 선생님께서 콕 집어 누군가의 이름을 부르는 순간 나는 걸리지 않았다는 안도감에 금세 평온을 되찾지요. 우리 교실에서 자주 볼 수 있는 풍경입니다.

사람들 앞에서 자신의 생각을 조리 있게 전달하는 기술은 국어 시간에만 필요한 것이 아닙니다. 상급 학교 면접 자리 또는 성인이 된 후 회의에서도 자신의 의견을 분명히 표현하는 것이 중요합니다. 하지만 어디서부터 시작해야 할지 몰라 입을 떼는 일이 쉽지 않습니다. 얼떨결에 한마디 말을 하게 되더라도 뭔가 부족한 설명에 아쉬움이 들 때도 많습니다.

논리적 사고 과정과 순발력까지 필요로 하는 토론장에서 자신만의 목소리를 내려면 풍부한 배경지식은 기본입니다. 토론 중에는 상대의 의견을 받아들이거나 비판하기 위해 의견의 타당성과 높은 수준의 가치 판단을 해야 하는 경우가 많은데, 자신의 생각을 분명히 하기 위해서는 풍부한 자료와 논리적인 근거가 필요합니다. 또한 고학년으로 올라가서 배우는 수업과 진학 시험에서의 논술은 교과서 이상의 것을 요구합니다.

「초등 융합 사회과학 토론왕」 시리즈는 사회에서 일어나는 다양한 사건과 시사 상식 그리고 해마다 반복

되는 화젯거리 등을 초등학교 수준에서 학습하고 자신의 말로 표현할 수 있도록 기획되었습니다. 체계적이고 널리 인정받은 여러 콘텐츠를 수집해 정리하였고, 전문 작가들이 학생들의 발달 상황에 맞게 다양한 분야를 정리하였습니다. 개별적으로 만들어진 교과서에서는 접할 수 없는 구성으로 주제와 내용을 엮어 어린이 독자들이 과학적 사고뿐만 아니라 문제 해결력, 비판적 사고력을 두루 기를 수 있도록 하였습니다. 그리고 폭넓은 정보를 서로 연결지어 설명함으로써 교과별로 조각나 있는 지식을 엮어 배경지식을 보다 탄탄하게 만들어 줍니다. 이러한 통합 교과형 구성은 국어를 기본으로 과학에서부터 역사, 지리, 사회, 예술에 이르기까지 상식과 사회에 대한 감각을 익히고 세상을 올바르게 바라보는 눈을 갖는 데 큰 도움이 될 것입니다.

『너도 나도 똑같이 생명 존중』은 소윤이가 학교 앞에서 병아리를 사는 장면에서 시작합니다. 반려 동물과 동물원의 동물들, 사형 제도와 안락사 등을 통해 동물과 인간 모두의 생명은 소중한 것이고 지켜줘야 한다는 사실을 깨닫는 과정을 그리고 있습니다. 이 책으로 생명 존중에 대한 상식을 키우고 생명을 왜 존중해야 하는지에 대한 자신만의 생각을 정리할 수 있기를 기대해 봅니다.

편집부

차례

펴내는 글 · 4
병아리와 만나다 · 8

1장 우리는 장난감이 아니에요 · 11

병아리는 날지 못해요
북극곰과 펭귄은 어디에서 왔을까?
태어난 곳에서 살고 싶어요

토론왕 되기! '분양'이 아니고 '입양'해 주세요

2장 사람의 생명만 소중한 것은 아니에요 · 37

사람 중심의 생각이 꼭 옳은 걸까요?
고양이 냥냥
버림받고 싶지 않아요

토론왕 되기! 고양이를 부탁해! 길고양이에게 밥을 주는 것은 옳은 일일까?

3장 인간의 욕심으로 사라지는 것들 · 65

사람들 욕심 때문에 동물들이 힘들어요
사라지는 동식물들
함께 생명을 보호해요

토론왕 되기! 동물 실험의 과거와 현재

4장 생명을 소중하게 여겨 주세요 · 93

살아 있어서 행복해요
누구든 생명은 소중해요

토론왕 되기! 내 생명 소중하게 가꾸기

생명 존중 관련 사이트 · 113
어려운 용어를 파헤치자! · 114
신 나는 토론을 위한 맞춤 가이드 · 116

병아리와 만나다

우아, 병아리다!

날 수 있을까?

에이! 너무 작아서 못 날지.

그래도 새잖아.

바보야. 날개가 있다고 다 새냐? 날아야 새지.

귀여워.

🐥 병아리는 날지 못해요

"아저씨, 얘는 얼마예요?"

소윤이는 계속 보고 있던 병아리 한 마리를 가리킵니다. 다섯 마리 중에서도 제일 많이 움직이는 놈입니다. 상자 안을 여기저기 돌아다니고 다른 병아리들 틈으로 파고드느라 바쁜 개구쟁이 병아리가 소윤이는 제일 마음에 듭니다.

"어이구, 제일 귀여운 놈이 마음에 들었구나. 천 원에 줄게."

"천 원이요?"

소윤이는 주머니에 손을 넣습니다. 오백 원짜리가 하나, 백 원짜리 동전이 두 개 있습니다. 먹고 싶은 아이스크림이 어른거리지만 침을 꿀꺽 삼키며 참아 봅니다.

"왜? 돈이 없니?"

"저기…… 이게 전부에요."

소윤이는 조심스럽게 두 손바닥을 펼쳐 보입니다. 오른손에 오백 원, 왼손에는 이백 원. 소윤이의 손바닥과 얼굴을 번갈아 바라보던 아저씨가 웃음을 터뜨립니다.

"그거면 충분하구나. 대신 잘 키워야 한다. 알았지?"

"정말요? 제가 데려가도 돼요?"

소윤이는 눈을 동그랗게 뜹니다. 저 작고 예쁜 병아리를 집에 데려갈 수 있다니! 엄마 생각도 잊을 만큼 기쁩니다. 아저씨는 함박웃음을 지으며 커다란 손을 상자 안으로 쑥 집어넣습니다. 아저씨 손에는 소윤이가 마음에 들어 하던 병아리가 들려 있습니다.

소윤이는 병아리를 두 손으로 받아 조심스럽게 가슴에 안아 봅니다. 보드라운 몸 안에서 심장이 팔딱팔딱 뛰고 있습니다. 행여나 세게 쥐면 병아리가 아플까 봐 세게 안지도 못합니다.

"그렇게 안고 집에는 갈 수 있겠냐?"

아저씨는 작은 상자에 병아리를 넣어 줍니다.

"이젠 잘 데려갈 수 있겠지?"

소윤이는 고개를 끄덕입니다. 상자를 품에 안고 아저씨에게 꾸벅 인사를 합니다. 집으로 돌아가는 발걸음이 자신도 모르게 빨라집니다.

'집에 가서 예쁜 상자로 집도 만들어 줘야지.'

소윤이는 병아리와 친구가 되어 함께 지낼 생각을 하니 깡충깡충 뛰고 싶습니다. 저기, 소윤이가 사는 아파트가 보입니다. 어느새 집에 다 왔습니다. 소윤이는 그제야 엄마 생각이 납니다.

'아! 엄마한테 뭐라고 하지? 안 된다고 하면 어떡하지?'

갑자기 걱정이 밀려옵니다.

집으로 향하던 발걸음이 조금씩, 조금씩 느려집니다.

"소윤아! 어디 갔다 오는 거야? 왜 이제 와?"

소윤이는 깜짝 놀라 뒤를 돌아봅니다. 엄마가 걱정스러운 얼굴로 소윤이를 보고 있습니다.

"어, 엄마."

"그건 뭐야?"

소윤이는 자신도 모르게 상자를 꼭 껴안습니다.

"왜 이렇게 늦나 했더니. 이 병아리 뭐야? 네가 산 거야?"

엄마의 목소리가 커집니다. 소윤이는 대답도 못하고 고개만 끄덕입니다.

"으, 응. 병아리가 무척 귀여워서요."

"안 돼."

"엄마아."

"안 돼!"

엄마의 표정이 점점 굳어집니다. 화가 많이 난 얼굴입니다. 소윤이는 병아리 상자를 들고 울먹입니다.

"내가 잘 키울 수 있어. 밥도 주고 물도 주고 내가 다 할게요."

엄마는 한숨을 크게 내쉽니다.

"엄마가 안 된다고 했지. 이렇게 네 맘대로 사오면 어떡하니."

"싫어. 내가 키울 거야. 엄마는 고양이도 못 키우게 하잖아요."

"얘가, 안 된다는데 왜 이렇게 고집을 부리고 그래."

엄마는 상자를 휙 빼앗습니다. 상자가 흔들리는 바람에 병아리가 퍼드득거립니다.

"아줌마, 그거 병아리예요?"

"아, 수림이구나."

수림이는 소윤이네 반 남자아이입니다. 평소 소윤이에게 짓궂게 장난을 쳐서 소윤이는 수림이를 싫어합니다.

"그기 안 키우실 거면 저한테 주세요."

엄마 얼굴이 갑자기 밝아집니다.

"네가 키울 수 있겠니?"

"네. 저도 병아리 갖고 싶었거든요."

"안 돼. 내 병아린데 왜 엄마 마음대로 해요."

소윤이 눈에는 눈물이 그렁그렁하지만 엄마는 상자를 수림이에게 줘 버립니다. 그리고는 소윤이 손을 잡고 휙 뒤돌아섭니다. 수림이가 신이 나는 얼굴로 마구 뛰어갑니다. 학교 앞에서 같이 병아리를 보던 남자애들이 와와, 소리를 지르며 병아리 상자로 모여듭니다.

"병아리가 날개를 파닥거리면 조금은 떠 있을 수 있지 않을까?"

"에이, 못 난다니까."

"우리 저기서 날려 보자."

엄마 손에 이끌려 억지로 집으로 끌려가던 소윤이는 뒤를 돌아봅니다. 남자아이들은 어느새 아파트 입구로 들어갔는지 보이지 않습니다. 소윤이는 몇 걸음 가다가 또 발걸음을 멈추고 뒤를 돌아봅니다. 소윤이는 갑자기 기분이 이상해져서 엄마 손을 뿌리치고 뛰기 시작합니다.

그 순간 병아리가 공중에 떠 있는 게 보입니다. 병아리는 5층 높이에서 퍽, 그대로 바닥에 떨어집니다. 창문 너머로 아이들이 고개를 내밀고 있습

니다.

"뭐야, 금방 떨어지잖아."

"에이, 날개를 파닥거리지도 않았어."

"죽은 거 아니야?"

"몰라. 병아리가 못 날아서 그런 거지 뭐."

소윤이는 바짝 얼어 꼼짝도 못하고 자리에 서 있습니다. 작고 노란 것이 꿈틀거리고 있습니다. 소윤이 발에 쇳덩어리가 달린 듯 한 발짝도 움직일 수가 없습니다. 부들부들 떨던 병아리가 더는 움직이지 않습니다. 어느새 소윤이 옆에 온 엄마가 낮은 한숨을 내쉬며 소윤이를 안아 줍니다.

"병아리, 병아리가……."

소윤이는 그만 울음을 터뜨리고 말았습니다.

북극곰과 펭귄은 어디에서 왔을까?

병아리 사건 이후 소윤이는 크게 아팠습니다. 엄마는 며칠 동안 소윤이 눈치만 보고 있습니다. 이야기를 들은 아빠는 소윤이 편을 들면서 엄마에게 화를 냈습니다.

　밥도 잘 안 먹고 시무룩한 소윤이를 위해 아빠는 토요일 오후에 동물원에 가자고 했습니다. 소윤이는 힘없이 고개를 끄덕였습니다.

　동물원에 와서 좋아하는 동물을 보니 소윤이의 마음도 조금 풀린 듯합니다. 재주를 부리는 원숭이들에게 먹이를 던져 주는 소윤이의 얼굴이 조금은 밝아졌습니다. 원숭이 우리 앞에는 엄마 아빠 손을 잡고 온 아이들이 많습니다. 원숭이를 흉내 내기도 하고 원숭이 앞에서 장난을 치기도 합니다.

　아빠는 소윤이 손을 잡고 돌고래가 있는 곳으로 갑니다. 오후에 돌고래 쇼가 있거든요. 소윤이는 처음 돌고래 쇼를 본다는 사실에 가슴이 설렙니다. 돌고래가 있는 곳으로 가는 길에는 펭귄과 북극곰이 있습니다.

"시간이 아직 남았는데 펭귄이랑 북극곰도 보고 갈까?"
"네. 보고 싶어요."

소윤이는 펭귄이 좋습니다. 뒤뚱뒤뚱 걷는 게 너무 귀엽습니다. 그렇게 아슬아슬 금방이라도 넘어질 것처럼 걷다가 물에만 들어가면 날쌔게 헤엄을 치는 펭귄이 신기하기만 합니다.

"아빠, 펭귄은 물고기예요, 새예요? 날개가 있으니 새인 것 같기도 하고, 헤엄을 잘 치니까 물고기 같기도 하고."

"펭귄은 새란다. 날개가 있고 알을 낳아 기르는 동물을 조류라고 한다고 학교에서 배웠지? 하지만 소윤이 말대로 보통 새들과는 달리 날지 못하고 수영을 잘하잖아? 그래서 펭귄목 펭귄과로 따로 분류한단다."

"조류지만 펭귄은 따로 구분한다는 거죠? 잘 기억해 둬야지. 그런데 아빠, 펭귄은 어쩌다 동물원에 오게 된 거예요?"

"사람들이 데려온 거야. 가까이 두고 보고 싶으니까."

"펭귄도 여기 있는 걸 좋아하는 거예요?"

"글쎄…… 원래 살던 곳과는 다른 곳에 사는 것이니 좋다고는 할 수 없을 것 같은데?"

"그럼 북극곰은요?"

"북극곰도 마찬가지로 사람들이 가까이에서 보려고 데려온 거지."

소윤이의 생명노트

척추동물의 분류

동물을 나누는 가장 큰 기준은 '척추가 있는가 없는가'라고 할 수 있다. 척추가 있는 동물은 척추동물, 척추가 없는 동물을 무척추동물이라고 한다. 척추동물은 포유류, 조류, 파충류, 양서류, 어류로 나눌 수 있다.

척추동물	표면	호흡 기관	체온	번식
포유류	털	허파	정온	새끼
조류	깃털	허파	정온	알
파충류	비늘	허파	변온	알
양서류	피부	허파, 피부, 아가미	변온	알
어류	비늘	아가미	변온	알

"너무 추운 북극보다는 여기서 사는 게 북극곰에게도 더 잘된 일 같아요."

"그건 아니야. 북극곰은 추운 북극에서 살 수 있도록 진화한 동물이란다. 육지와 바다를 가리지 않고 사냥할 수 있도록 10센티미터가 넘는 지방층과 이중으로 된 털이 있어서 북극곰은 추위를 이겨낼 수 있어. 또 발바닥에도 털이 있어서 빙판 위를 걸어 다니기에 알맞고."

"북극은 너무 추워서 먹을 게 없을 거라고 생각했어요. 그래서 북극곰이 동물원에 있는 게 더 낫다고 생각했는데, 그게 아니었나 봐요."

"북극에 먹을 게 없다니. 추운 지방이지만 생물들이 얼마나 많이 사는데."

"정말이에요?"

"북극 주변 바다는 전 세계의 주요 어장이기도 해. 소윤이가 먹는 생선 중에도 북극에서 온 물고기가 있을 지 몰라."

"와, 정말? 내가 먹은 생선 중에요? 무척 신기해요."

"수산 자원도 많지만 광물 자원도 많아. 특히 북극의 대륙붕에는 광물 자원이 풍부해서 여러 나라가 연구하고 있어."

"아빠, 북극곰은 북극에서 살지만 펭귄은 남극에서 살죠?"

"우리 소윤이가 잘 알고 있구나. 남극은 지구에서 가장 추운 곳이야. 하지만 남극도 광물 자원이나 해양 자원이 많아. 그래서 우리나라도 세종기지를 세워서 남극을 연구하고 있단다."

"그렇게 추운 곳에서 연구하는 분들은 힘들겠다. 그렇죠, 아빠?"

"하하, 그래, 그럴 거야. 사람들은 힘들지만 동물들은 원래 그곳에서 태어나 그 환경에 적응했으니 자유롭게 돌아다니지."

"남극이나 북극에서는 마음대로 돌아다녔을 텐데. 북극곰이나 펭귄이 동물원에서 사느라 답답하겠어요."

소윤이는 궁금한 점이 많지만 펭귄과 북극곰을 둘러보다 보니 어느새 돌고래를 보러 갈 시간이 되었습니다.

태어난 곳에서 살고 싶어요

난생 처음 보는 돌고래 쇼! 생각만 해도 심장이 두근거립니다. 돌고래 쇼를 하는 곳에는 벌써부터 사람들이 많이 와 있습니다. 소윤이 또래 아이들도 있고, 소윤이보다 어린아이들도 보입니다. 저마다 돌고래를 기다

 소윤이의 생명노트

남극 세종 기지

우리나라가 남극을 탐사하기 위해 세운 연구 기지이다. 우리나라는 세계에서 33번째로 남극 조약을 받아들였고 해양 연구소 극지 연구실을 설치하면서 남극 연구를 시작하였다. 1998년 세종 기지의 건설과 함께 제1차 대한민국 남극 연구단이 파견되어 해저 지형 및 지층 탐사, 생물 채취, 육상 지질 및 암석 표본 채취, 동식물 분포 조사 등의 연구·조사 활동을 펼쳤다. 지금도 해마다 남극 과학 연구단을 파견하여 남극 지역의 대기, 지질, 동식물, 자원에 대한 조사와 연구를 하고 있다.

리며 한마디씩 하느라고 시끌시끌 왁자지껄합니다.

"여러분, 오래 기다리셨죠? 지금부터 돌고래들이 인사를 할 거예요. 박수!"

경쾌한 음악에 맞춰 돌고래들이 솟아오르자 환호성과 박수가 터집니다. 조련사 아저씨의 신호에 따라 뛰어오르고, 링을 건너뛰고, 공을 튀기고, 몸을 세워 한 바퀴씩 돌기도 합니다. 돌고래를 보는 소윤이의 눈이 휘둥그레집니다.

"우아, 돌고래가 나보다 똑똑한 것 같아."

"하하하하."

아빠가 크게 웃습니다. 소윤이는 아빠와 함께 즐거운 시간을 보냅니다. 시간이 어떻게 지났는지도 모르게 빨리 지나갑니다. 쇼가 끝나고 돌고래들을 두고 밖으로 나오려니 아쉬운 마음에 계속 뒤를 돌아보게 됩니다. 가까이 가서 말도 걸고, 등도 쓰다듬고 싶습니다. 문득 돌고래도 넓은 바다가 아닌 동물원 수족관 안에서 살고 있으니 답답하겠다는 생각이 듭니다.

"아빠, 동물원은 평소에 보기 힘든 동물들을 구경할 수 있다는 것 말고 좋은 점은 없어요?"

"왜 없어, 당연히 있지. 야생 동물들이 아프거나 상처를 입었을 때는 동물원에서 치료를 한단다. 또 멸종 위기에 처한 동물들을 보호하고 번식시키는 역할도 하고."

"그럼 돌고래도 보호받아야 하는 동물이라서 동물원에 있는 거예요?"

"아니, 원래 돌고래는 잡아서는 안 되는 동물이야. 만약 돌고래가 그물에 걸리거나 우연히 잡혔다면 풀어 줘야 해. 그런데 나쁜 사람들이 돌고래를 풀어 주지 않고 돈을 받고 판 거야. 그래서 동물원에서 훈련을 받고 쇼를 하게 된 거지."

"동물원에서 지내는 것이 동물에게 좋은 점도 있지 않아요? 많은 사람들이 좋아하고, 먹을 것도 주고, 박수도 받으니까요."

"하지만 자기가 태어난 곳에서 살지 못하고 억지로 끌려온 거라면 과연

동물들이 행복할까?"

 소윤이는 동물원에 사는 동물들의 마음에 대해 곰곰히 생각해 봅니다. 문득 아무리 맛있는 게 많고, 하고 싶은 대로 할 수 있어도 엄마 아빠와 함께 있는 집이 아니라 다른 곳에 억지로 끌려가서 산다면 슬프겠다는 생각이 듭니다.

"펭귄이나 북극곰, 그리고 돌고래가 말을 할 수 있다면 뭐라고 할까?"

아빠가 소윤이에게 물어봅니다.

"아마 '내가 태어난 곳에서 살고 싶어요' 라고 할 것 같아요."

"왜?"

 소윤이의 생명노트

돌고래는 언제부터 볼 수 있었을까?

돌고래는 『조선왕조실록』에 기록이 남아 있고 제주도 해녀들의 속담에 자주 등장하는 것으로 보아 우리나라에서도 오래전부터 알려진 동물이다. 그중 남방큰돌고래는 서식지가 인간이 사는 곳과 겹쳐 자주 포획되어 개체 수가 빠르게 줄어들고 있다. 현재 세계 자연 보전 연맹(IUCN)의 적색 목록에 멸종 위기종으로 분류되어 있다. 우리나라에도 현재 100여 마리밖에 남아 있지 않은 것으로 조사되었다.

"동물원에 억지로 온 거니까. 돌아가고 싶을 거예요."

아빠는 빙그레 웃으면서 돌고래 제돌이 이야기를 해 줍니다.

"제돌이라는 돌고래가 있어."

"제돌이? 돌고래도 이름이 있어요?"

"사람들이 붙여준 이름이지."

제돌이는 원래 제주 남쪽 바다에서 살던 남방큰돌고래입니다. 그런데 돈에 눈이 먼 사람들이 쳐놓은 그물에 걸려 4년이 넘도록 좁은 수조에 갇힌 채 돌고래 쇼를 했대요. 그러다 많은 사람들이 제돌이가 불법으로 잡혔으니 자연으로 돌려보내야 한다고 주장했고 마침내 바다에 풀어 주기로 했지요. 제돌이는 야생 습성을 찾기 위한 훈련을 받은 뒤 바다로 방류되었어요. 훈련을 받아 쇼를 하던 돌고래를 자연으로 돌려보내는 것은 이번이 아시아에서 처음 있는 일이었대요.

남방큰돌고래는 인도와 호주 북부, 중국 남부 해안 등지에서 사는 돌고래 종이고 우리나라에서는 제주 바다에서 볼 수 있어요.

소윤이는 갑자기 동물원에서 즐겁게 지내는 줄 알았던 동물들이 불쌍하게 보입니다. 너른 벌판을, 바다를 떠나 좁은 우리 속에서 살아야 하니 얼마나 갑갑할까요.

"그래도 돌고래 쇼는 또 보고 싶은데……."

소윤이의 마음에 작은 갈등이 생깁니다. 돌고래를 가까이에서 보고 싶은 마음과 돌고래들이 바다로 돌아가기를 바라는 마음. 이 두 가지 마음이 다 소윤이 마음 안에 있습니다.

"아빠, 내 마음이 두 개로 뚝, 잘라졌나 봐요."

소윤이 말을 들은 아빠가 빙그레 웃습니다.

"그래. 그래도 괜찮아. 동물원에 있는 동물들을 지금 당장 풀어 줄 수도 없는 거니까."

"왜요? 그동안 동물원에서 지내느라 힘들었을 텐데. 동물원을 떠나 자연으로 돌아가면 자유로워지는 거 아니에요?"

"그렇지 않아. 야생에서 살던 동물들은 사냥을 하고 적으로부터 자신을 보호하면서 살아왔으니까 본능적으로 어떻게 살아야 할지 잘 알아. 그런데 동물원에 있는 동물들은 오랫동안 사냥을 할 필요도 없었고, 자기 몸을 보호해야 할 일도 없었잖아. 사람들이 시간이 되면 먹이를 주고, 천적인 동물을 만날 일도 없이 지냈으니까. 그래서 동물원에서 지내던 동물이 갑자기 자연으로 돌아가면 적응하기가 쉽지 않은 거지. 무리와 잘 어울릴 수 있을지도 모르고. 제돌이의 경우에도 바다에서 적응 훈련을 거친 후에야 방류될 수 있었어. 살아 있는 먹이를 잡는 법, 넓은 바다에서 수영하는 법 같은 것 말이야."

"그런데 제돌이가 또 잡히면 어떻게 해요?"

"그래서 사람들은 제돌이 지느러미에 위치추적 장치를 달았어. 방류한다음에도 제돌이가 또 그물에 잡히지는 않을지, 다른 무리들과 잘 어울릴 수 있을지 몰라서 한동안 사람들이 관찰하기로 한 거지."

"그렇구나. 동물원에 있는 동물들을 바로 풀어 줄 수도 없는 거구나. 풀어 주더라도 한참 동안 살펴봐야 하고."

"오랫동안 사람의 보살핌 속에서 살았으니까. 예전에 '프리윌리'라는 영화가 있었어. 오랜 기간 쇼를 했던 고래를 바다에 풀어 주는, 실제 있었던 일을 영화로 만든 거야. 제돌이 이야기랑 비슷하지? 그런데 그 영화의 모델이 되었던 실제 고래는 계속해서 사람들이 있는 곳으로 돌아왔대. 결국 자연으로 돌려보내는 걸 포기하고 사람들이 보살펴 주었지."

"제돌이도 돌아오면 어떡해요?"

"글쎄, 그렇지 않기를 바라야지. 얼마 전에 뉴스에서 보니까 다행히도 무리에 합류해서 잘 적응하고 있다고 하더라고."

"제돌이 말고 바다로 돌아간 다른 돌고래도 있어요?"

"응. 춘삼이랑 삼팔이라는 돌고래가 같이 바다로 돌아갔어."

"그 돌고래들도 잘 적응하고 있고요?"

"건강하게 잘 적응하고 있대. 넓은 제주 바다에서 마음껏 헤엄치면서."

푸르고 아름다운 제주 바다에서 신나게 헤엄치는 제돌이와 친구들을 상상하니 신이 납니다. 그런데 춘삼이, 삼팔이라니요. 어휴, 이름이 너무 촌스러워요. '나라면 좀 더 멋지고 예쁜 이름을 지어줬을 텐데' 하고 소윤이는 생각했습니다.

방류되기 전 바다에서 훈련하는 제돌이

바다에 살던 제돌이, 바다로 돌아가다

돌고래 쇼를 하던 돌고래 제돌이는 많은 관심 속에 바다로 돌아갔습니다.
하지만 아직도 동물원에는 불법으로 잡혀 동물원에서 쇼를 하는 돌고래들이 많이 있습니다.
이 돌고래들도 바다로 돌아갈 수 있을까요? 제돌이는 어떻게 해서 바다로 돌아갈 수 있었을까요?

1
2009년 5월 제주 앞바다
어민들이 설치한 그물에 잡힘

제돌이는 수족관에
제돌이와 같은 돌고래는 지능이 뛰어나 훈련을 시키면 공연을 할 수 있는 동물입니다. 하지만 사회성이 뛰어나 무리와 떨어져 좁은 수족관에 갇혀 살면 큰 스트레스를 받게 됩니다. 그래서 수명을 다하지 못하고 죽는 경우가 많아요.

2
2009~2012년 서울
서울대공원에서 돌고래쇼를 함

바다로 돌아갈 준비를 하다
시민들은 제돌이가 바다로 돌아갈 수 있도록 자발적으로 성금을 모으고, 야생 적응 훈련장을 설치하고 관리했어요. 방류가 결정된 제돌이는 서울에서 제주도로 옮겨졌어요. 서귀포시 성산항 임시 가두리에서 먹이 사냥 훈련을 하고 2013년 6월 26일 제주시 김녕항으로 이동해 야생 적응 훈련을 받았지요. 이런 훈련이 끝나고 방류에 문제가 없다고 생각되면 제돌이는 바다로 돌아갈 수 있답니다.

3
2013년 3월 서울
야생 방류 결정

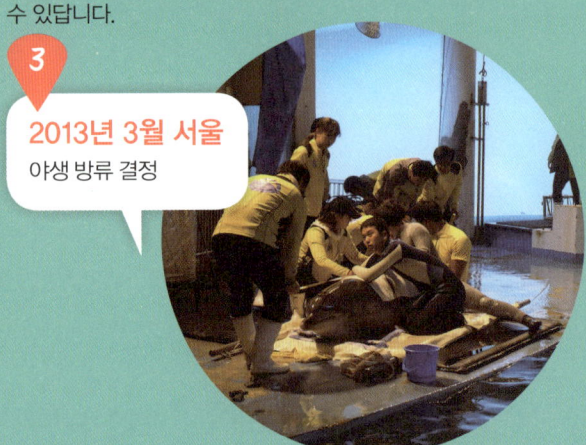

4
2013년 5월 제주 성산항
제돌이 야생 적응 훈련 중

제돌이의 지느러미에 단 위치 추적 장치(GPS)

드디어 자연으로

야생 적응 훈련을 하던 제돌이는 2013년 7월 18일 방류되었습니다. 불법으로 포획된지 4년 만에 바다로 돌아가게 된 거지요. 제돌이는 방류된지 17일 만에 돌고래 무리에 합류해 제주 앞 바다에서 살고 있어요.

5
2013년 7월 제주 김녕
제돌이 바다로 돌아감

'분양'이 아니라 '입양'해 주세요

반려 동물을 키우고 싶다면 어떻게 하면 될까? 간단하다. 집 앞에 있는 마트에만 가도 동물을 쉽게 살 수 있다. 개와 고양이는 물론 도마뱀, 이구아나와 같은 파충류까지도 판매하고 있다. 인터넷에서도, 동물병원이나 애완동물 가게에서도 손쉽게 동물을 살 수 있다.

사람들은 강아지를 구매하는 것을 '분양'이라고 표현한다. 분양이라는 말은 토지나 건물 따위를 나누어 판다는 뜻으로 주로 아파트나 건물을 사고 팔 때 흔히 쓰는 말이다. 우리는 돈을 주고 동물을 사는 일을 당연하게 여긴다. 하지만 생명이 있는 동물을 팔고, 사는 것이 당연한 일일까?

최근 애완동물을 반려 동물이라는 이름으로 바꾸어 부르고 있다. 동물을 가족의 일원으로 생각하는 사람이 늘어나고 동물에 대한 인식이 달라지고 있는 지금, 생명을 사고파는 행위 자체에 대한 고민이 필요하다.

개를 예로 들어보자. 현재 우리나라의 동물 판매업은 신고제로 운영되고 있다. 지금부터 동물을 판매하겠다고 관할 기관에 신고만 하면 바로 애견

가게든, 파충류 가게든 열 수 있다는 뜻이다. 이들은 번식 농장에서 낳은 강아지를 데려와 판다. 어미 개들은 철창에 갇혀 물건을 생산하듯 새끼를 낳는다. 갓 태어난 새끼들은 어미 젖도 제대로 먹지 못한 채 강제로 어미와 떨어져 매장으로 나오게 된다. 매장에 있는 강아지들에게는 생명을 연명할 수 있을 정도만 먹이를 준다. 너무 커 버리면 팔리지 않기 때문이다.

외국의 경우 동물 보호법에 따라 강아지를 살 수 있는 애완동물 가게에서 기관에 등록한 강아지만 개인이 '입양'할 수 있다. 입양은 양자를 들인다는 뜻이므로 동물을 식구로 받아들인다는 뜻이다. 이렇게 동물을 입양하면 동물의 관리법, 습성, 동물과의 관계에 대한 기본적인 교육을 받도록 하고 있다.

어린아이들도 돈만 있으면 인터넷에서 마음에 드는 동물을 고를 수 있는 현실, 동물을 쉽게 살 수 있어서 쉽게 버리게 되고, 그래서 우리 주변에 버려지는 동물이 그리도 많은 것은 아닌지 생각해 볼 일이다.

빈칸에 알맞은 말을 넣어 봅시다.

척추동물	표면	호흡기관	체온	번식
포유류	털	허파	정온	1
조류	2	허파	정온	알
3	비늘	허파	변온	알
양서류	4	허파, 피부, 아가미	변온	알
어류	비늘	5	변온	알

정답
① 새끼 ② 깃털 ③ 파충류 ④ 피부 ⑤ 아가미

2장
사람의 생명만 소중한 것은 아니에요

🐥 사람 중심의 생각이 꼭 옳은 걸까요?

아빠와 동물원에 다녀온 뒤로 소윤이는 부쩍 궁금한 게 많아졌습니다. 동물에 대한 관심도 높아졌고요. 그래서 틈만 나면 엄마 아빠한테 물어봅니다.

"엄마, 동물원은 누가 처음 만들었어요?"

"아빠, 동물한테도 마음이 있어요?"

소윤이는 궁금한 게 계속 생깁니다. 혼자 책을 읽어 보기도 하고 동물들이 나오는 텔레비전 프로그램도 열심히 봅니다. 어려워서 이해가 안 가는 것도 가끔 있지만요.

"엄마! 엄마!"

오늘도 소윤이는 뭐가 그리 궁금한지 엄마를 자꾸만 찾습니다. 설거지를 끝낸 엄마가 소윤이 옆에 와서 앉습니다.

"오늘은 우리 소윤이가 뭐가 또 궁금할까?"

"지난번 토요일에 아빠랑 동물원에 갔다 왔잖아요."

"그랬지. 아빠랑 데이트 잘했어?"

"응. 아빠가 초코렛 사 줬……."

"이소윤! 이빨 썩는다고 그렇게 말했는데!"

소윤이는 입을 삐죽 내밉니다. 엄마한테 혼나니까 꼭 비밀 지켜야 한다고 아빠랑 단단히 약속을 했는데 그만 깜박 잊고 말았네요.

"그건 그렇고. 동물원 재미있었어?"

"엄청 재밌었어요. 펭귄이랑 북극곰이랑 돌고래도 보고."

소윤이는 동물원에서 아빠랑 나눴던 이야기를 엄마에게 합니다.

"그래서 어떤 마음이 들었어?"

"모르겠어요. 천적의 공격도 피하고 사냥도 안 하고 편하게 지낸다고 생각하면 잘된 일인 것 같기도 하고. 하지만 역시 원래 있던 곳에서 강제로 잡혀 온 거니까……. 불쌍하기도 하고요."

"우리 소윤이가 생각이 깊어졌는데?"

엄마가 소윤이의 머리를 쓰다듬었습니다. 소윤이는 쑥스러운지 괜히 헤헤 거리고 웃습니다.

 "그런데 엄마, 동물원의 동물들은 누가 잡아온 거예요? 그렇게 막 잡아와도 되는 거예요?"

 "대부분 불법으로 잡힌 거지. 아니면 다른 동물원에서 사 오는 경우도 있고."

 "동물원에서 동물을 사요?"

 "그럼. 다른 나라에서 동물을 사 오기도 하고, 서로 바꾸기도 해."

"비행기 타는 동안 동물들이 힘들 텐데……. 꼭 외국에서 동물을 데려와야 해요?"

"다른 나라의 희귀한 동물을 실제로 볼 수 있는 곳은 동물원밖에 없잖아. 만약 다른 나라에서 동물을 데려오지 않는다면, 소윤이가 좋아하는 팬더곰이나 북극곰, 펭귄을 동물원에서 볼 수 없을 텐데? 동물원이 어린이들에게 동물을 직접 볼 수 있는 교육적인 기능도 하기 때문에 무조건 나쁘다고만은 할 수 없어. 또 요즘에는 동물원에서 동물의 습성을 살려 주기 위해 노력하고 있고."

말은 이렇게 하지만 엄마는 소윤이만큼 동물원을 좋아하지는 않는 것 같습니다.

 소윤이의 생명노트

동물원은 언제 생겼을까?

1752년 오스트리아 빈 쇤브룬 궁에서 프란츠 1세가 부인인 마리아 테레지아 여제를 위해 기린, 얼룩말, 코끼리 등 이국적인 동물을 길렀던 것이 동물원의 시작이다. 초기 동물원과 동물 쇼는 특권 계층에 이국적 풍물을 제공하는 것이 목적이었다. 우리나라의 동물원은 1909년, 지금의 창경궁 자리에 창경원 동물원이라는 이름으로 문을 열었다.

"동물원에서 동물을 계속 보고 싶지만, 그렇다고 해서 자유롭게 살던 동물을 가둬 놓는 건 잘못된 일인 것 같아요."

"그래, 요즘에는 소윤이처럼 생각하는 사람들이 많아지고 있어. 사람의 즐거움을 동물의 행복보다 중요하게 생각해서는 안 된다는 거지."

소윤이는 진지한 얼굴로 고개를 끄덕입니다. 엄마는 소윤이가 잘 이해할 수 있도록 차근차근 말을 이어갑니다.

"이 세상에는 동물도 있고 식물들도 있고 곤충들도 있어. 사람들만 사는 건 아니거든. 우리가 지구에 살기 전에도 지구에는 여러 생명이 있었고 말이야."

"공룡도 있었어요!"

"그래, 맞아. 지금은 다 사라졌지만. 지구에 사는 모든 생명은 똑같이 소중하다는 걸 소윤이가 꼭 알았으면 좋겠구나."

소윤이는 이제 더는 찾아볼 수 없는 공룡 생각을 합니다. 엄마 아빠랑 박물관에서 공룡 뼈를 봤는데 사람 키보다 몇 배나 커서 깜짝 놀랐어요. 보기만 해도 무시무시한 이빨과 발톱이 있는 공룡도 있었고요.

"엄마, 왜 어떤 동물은 지금껏 살아 있고 어떤 동물은 공룡처럼 사라지는 거예요?"

"공룡이나 매머드 같은 고대의 동물이나 식물은 지구 환경이 변하면서 멸종된 경우가 많아. 빙하기가 대표적인 경우지. 그런데 지금은 사람들

매머드의 크기를 짐작할 수 있는 뼈

이 동물을 지나치게 잡아들이거나 무분별한 개발로 인한 서석지 파괴, 환경 오염으로 기후 변화가 일어나서 동물이 멸종하는 경우가 대부분이야. 북극곰이 작은 얼음 위에 겨우 서 있는 사진 본 적 있지? 사람들이 석유나 석탄 같은 화석 연료를 많이 쓰면서 대기 오염이 심해졌고, 지구 온난화 같은 기상 이변이 생겼거든. 그래서 극지방의 얼음이 녹기 시작했고 북극곰이 살 곳이 줄어들고 있는 거야."

엄마는 우리나라 독도에 살았다는 바다사자 이야기를 해 주었습니다. 원래 독도에는 커다란 바위를 가득 덮을 만큼 많은 바다사자가 살았대요.

 소윤이의 생명노트

적색 자료 목록(Red-data book)

1966년부터 국제 자연 보호 연합(IUCN)이 작성하고 있다. 멸종 가능성이 있는 야생생물의 명단과 함께, 그 분포나 생식 상황을 상세하게 소개하는 안내 책자로 위기를 뜻하는 빨간색 표지 때문에 이 같은 명칭이 붙여졌다. 이 책에 기재된 야생생물의 명단을 '레드 리스트'라고 한다. 우리나라에서는 환경부가 우리나라의 생식 환경 변화를 조사하고 분류군을 정리하여 한국판을 발행하였다.

그런데 사람들이 가죽과 기름을 얻으려고 바다사자를 마구 사냥한 거예요. 특히 일제 강점기 때, 일본 어업 회사가 8년 동안 무참히 사냥했는데 그 숫자가 무려 1만 4000여 마리나 된다고 합니다.

 사람들의 이기심으로 많은 동물들이 희생되었다는 생각이 들자 소윤이는 슬퍼졌어요. 얼마 전 자신이 지켜 주지 못한 병아리 생각에 왈칵 눈물이 났습니다.

"엄마, 만약에 병아리가 안 죽었으면 얼마만큼 컸을까요?"

"병아리 일은 엄마가 정말 미안해. 엄마는 그동안 사람들이 자연을 훼손하고 동물이나 식물을 함부로 대한다고 비판했었어. 그런데 병아리를 제대로 키우지도 못할 아이에게 줘 버렸으니……. 엄마 잘못이 커.

미안해."

"처음에는 병아리를 줘 버린 엄마가 원망스러웠는데, 지금 생각해 보면 내가 잘못했어요. 키우지 못할 걸 알면서도 욕심부렸어요. 내가 병아리를 사 오지 않았더라면 그런 일은 없었을 텐데."

"아니야, 소윤이 때문이 아니라 우리 모두의 이기심 때문이었던 거야. 병아리를 날려 보고 싶었던 수림이나, 수림이에게 병아리를 줘 버린 엄마, 그리고 생명을 돈으로 살 수 있다고 생각한 소윤이 모두 좀 더 생명을 소중하게 생각할 필요가 있을 것 같아."

소윤이는 엄마 가슴으로 파고듭니다.

엄마는 소윤이의 등을 가만히 쓰다듬어 줍니다.

"딩동"

"소윤아, 아빠 왔다!"

"아빠!"

소윤이는 벌떡 일어나서 아빠한테 달려갑니다. 아빠가 두 팔을 크게 벌리고 소윤이를 번쩍 안아 올립니다. 소윤이가 아주아주 어렸을 때부터 그랬습니다. 이제 소윤이도 꽤 컸는데 아빠 눈엔 소윤이가 아직도 마냥 어리기만 한가 봅니다.

"우리 딸, 오늘 잘 지냈어?"

"말도 마. 당신이랑 동물원에 다녀온 뒤로 궁금한 게 얼마나 많아졌는지 몰라."

"그래?"

아빠는 소윤이를 보면서 싱글벙글 웃기만 합니다.

"아빠, 아빠, 나 꼭 하고 싶은 일이 생겼어요."

"그게 뭔데? 아빠한테 말해 줄 수 있어?"

소윤이는 소중한 비밀을 털어놓는 듯 아빠에게 말합니다.

"있잖아, 나 이다음에 크면 동물들을 만나러 갈 거예요."

"동물들? 동물원에 가면 지금도 볼 수 있잖아."

"아이 참, 그건 사람들이 억지로 데려온 거고. 내가 만나러 갈 거예요."

소윤이는 어른이 되면 꼭 동물들을 만나러 가고 싶습니다.

우리에 갇혀 몇 걸음만 걸어도 창살에 등이 닿아 돌아서야 하는 동물들 말고, 하늘과 땅이 만나는 넓은 초원에서 마음껏 뛰어다니는 동물들이요. 좁은 곳에서 힘없이 어슬렁거리는 동물들 말고, 바람에 갈기가 휘날리고 다리의 근육이 힘차게 움직이는 동물들 말이에요.

고양이 냥냥

"네? 제발 한 번만요. 엄마!"
"안 된다고 했지."
"그러니까 딱 한 번만. 부탁이에요."
"아이고, 요즘 왜 조용한가 했다."
"내가 잘 키울 수 있어요."
"그게 말처럼 쉬운 일인 줄 알아?"
"진짜 잘할 수 있다니까요."
"아빠는 어떡하고?"
"방에서만 키우면 되잖아요. 거실로는 절대로 못 나오게 할게요."
"동물원에 갇혀 있는 동물들이 불쌍하다며? 그런데 집에서 키우는 고양이는 거실에도 못 나오게 하고 방에만 가둬 두겠다고?"

엄마의 말에 소윤이는 말문이 막혔습니다. 하지만 이대로 질 수는 없어요. 고양이를 꼭 한 번 키워 보는 게 소원이거든요. 동그란 눈, 찹쌀떡처럼 보드라운 발바닥, 늘어지게 하품하는 모습까지 얼마나 귀여운데요. 소윤이는 짝꿍 희정이 집에 놀러갔을 때 고양이랑 한 번 놀고는 그만 고양이에게 홀딱 반해 버리고 말았습니다. 희정이네 고양이를 생각하자 다시 힘이 납니다.

"아빠 없을 때 산책도 시키고, 자주 밖에 데리고 나가면 되잖아요."

"안 돼! 아빠 고양이털 알레르기잖아. 같은 집에 사는 것만으로도 엄청나게 재채기를 하실 거야."

"아이 참, 아빠는 왜 하필 고양이 털 알레르기인 거야!"

소윤이는 막 고개를 흔듭니다. 엄마도 예전에는 고양이를 굉장히 좋아했대요. 그런데 아빠를 만나고부터 고양이를 키우기는커녕 남의 집에 가서 고양이를 만지지도 못했다고 해요.

"너 또 희정이네 가서 고양이 만지면 안 돼. 그날 아빠 고생하시는 거 봤지?"

소윤이는 풀이 죽어 고개를 떨굽니다. 그날 고양이를 껴안고 만지고 쓰다듬고 신 나게 놀다 온 것까지는 좋았는데 손도 안 씻고 아빠한테 달려가서 안겼다가 아빠가 하루 내내 재채기를 하셨거든요. 그날 이후 집에 오면 손부터 씻으라는 엄마의 잔소리가 더 심해졌어요.

"그럼 나 30분만 놀다 와도 돼요? 놀이터에서 그네 세 번만 타고 올게요."

"딱 30분만이다."

엄마 말이 끝나기 무섭게 소윤이는 현관으로 달려 나갑니다. 엄마 마음이 바뀌기 전에 현관문을 열고 계단으로 뛰어갑니다.

놀이터로 가는 길에는 작은 화단이 여러 개 있고 나무도 많이 있습니다. 엄마랑 아빠가 여기로 이사 온 가장 큰 이유가 주변에 산이 있고 꽃과 나무가 많아서래요. 소윤이가 초등학교에 들어가기 전에 이사를 왔는데 그때보다 지금은 나무가 한층 더 울창해졌어요.

소윤이도 지금 사는 동네가 좋습니다. 거실 창문 밖으로 산이 보이는데 특히 겨울 풍경이 멋집니다. 눈이 시릴 정도로 파란 하늘 아래 새하얗게 눈이 덮인 산은 어찌나 근사한지 봐도 봐도 질리지가 않거든요.

"놀이터에 누가 있을까?"

"어?"

"아!"

하필이면.

소윤이는 제일 만나고 싶지 않던 아이와 정면으로 딱 만나고 말았습니다.

"저기, 안, 녕."

소윤이는 말도 하기 싫습니다. 병아리를 데려가서는 아파트 5층에서 떨어뜨린 수림이었거든요. 소윤이는 바로 뒤 돌아서 걸어갑니다. 수림이가 있으면 다른 남자아이들도 올지 모릅니다. 약한 동물을 괴롭히는 아이들하고는 놀고 싶지 않습니다.

"야, 야!"

소윤이는 수림이가 자기를 부르는 것을 알면서도 뒤돌아보지 않고 아까보다 더 빨리 걷습니다. 아무래도 오늘은 운이 나쁜가 봅니다. 그네 한 번 못타고 집에 가려니 억울한 마음이 들었어요.

"야옹."

"응? 이게 무슨 소리지?"

소윤이는 발걸음을 멈추고 귀를 기울입니다. 작지만 분명히 또렷하게 들렸거든요.

"야옹, 야옹."

소리가 나는 방향으로 고개를 돌립니다.

"어디지? 분명히 고양이 울음소리가 났는데."

화단 안쪽에서 나는 소리인 것 같습니다. 좀 더 가까이 다가가자 고양이가 몸을 웅크리고 있는 것이 보입니다. 다리를 다쳤는지 혀로 다리를 자꾸 핥습니다.

"아, 어떡하지?"

"고양이야. 길고양이."

소윤이는 깜짝 놀라 뒤를 돌아봅니다. 수림이가 언제 왔는지 옆에서 지켜 보고 있습니다.

"왜? 또 괴롭히려고?"

소윤이의 목소리가 날카로워집니다. 수림이가 놀랐는지 눈이 동그랗게 커집니다.

"아, 아니야. 나도 고양이 좋아해."

"아, 고양이는 좋아하고 병아리는 싫어해서 5층에서 떨어뜨린 거구나?"

소윤이는 자신도 모르게 수림이를 비꼬았습니다. 당황한 수림이가 머리를 긁적이며 작은 목소리로 말합니다.

"지, 지난번 일은 미안해. 사과할게. 병아리가 얼마나 오래 날 수 있는지 궁금해서 그랬어. 병아리도 날개가 있는 새니까."

"아무리 궁금해도 그렇……."

수림이가 갑자기 쉿! 하고 조용히 하라는 손짓을 합니다.

"우리가 너무 가까이에서 떠드니까 고양이 신경이 날카로워졌나 봐. 이 녀석 길고양이라 보살펴 줄 사람도 없는데, 큰일이네."

"길고양이?"

"돌봐 주는 주인 없이 길에서 사는 고양이 말이야. 대개 버려진 고양이들이야."

버려진 고양이들의 모습

소윤이는 놀란 눈으로 수림이를 봅니다.

"너 이 고양이 알아?"

"응. 여긴 이 녀석이 쉬는 곳이야. 내가 가끔 밥을 주거든. 이름은 냥냥이야."

"냥냥이? 어떻게 알게 된 고양이야?"

"그냥 우연히 알게 됐어. 이름은 내가 붙인 거고. 우는 소리가 냥~냥이러잖아."

소윤이는 픽, 웃음이 납니다. 나쁜 아이라고만 생각했는데 고양이에게 먹을 것을 갖다 준다니 생각보다 착한 면도 있나 봅니다.

"냥냥이는 언제부터 여기 있었던 거야?"

"잘 모르겠어. 내가 알게 된 건 한 달 전쯤이야."

"그런데 다쳤나 봐. 어떡하지? 우리 아빠가 고양이 털 알레르기라서 엄마는 고양이한테 손도 못 대게 하는데."

"괜찮아. 우리 형한테 한번 말해 볼게. 수의학과에 다니고 있거든. 아직 대학생이지만 이 정도는 치료해 줄 수 있을 거야. 그런데 왜 다리를 다쳤지……. 누가 돌을 던졌나? 어제까진 괜찮았는데……."

수림이는 주머니에서 뭔가를 꺼내 조심스럽게 고양이 앞에 놓습니다. 조그마한 멸치가 한주먹입니다.

"너무 가까이 다가가면 안 돼. 먹을 것을 줄 때도 근처에 놓으면 자기가 알아서 먹어. 소시지나 참치 캔 같은 걸 길고양이에게 주는 사람들도 있는데 그럼 고양이가 위험해진대. 고양이는 소금을 먹으면 안 되는데 사람이 먹는 가공 음식에는 소금이 들어 있으니까."

수림이는 고양이에 대해 공부를 많이 한 모양입니다. 조심스럽게 먹을 것을 놓아 주고 고양이를 정성스레 살피는 모습을 보자 소윤이 마음도 조금은 풀립니다.

"어쩌다 다쳤을까?"

"밤에 길을 건너다가 다치기도 하는데, 길고양이를 싫어하는 사람들이

사람의 생명만 소중한 건 아니에요

돌을 던지거나 괴롭히는 일도 많아. 고양이가 많다고 나쁜 일이 일어나는 것도 아닌데 왜 그러는지 이해가 안 가."

"넌 고양이에 대해 많이 아는구나? 혹시 집에서 고양이 키워?"

"아니. 나랑 형은 기르고 싶은데 엄마가 절대 안 된대."

"휴우, 어른들은 왜 그러지?"

소윤이는 한숨을 내쉽니다. 저렇게 예쁘고 귀여운데 말이에요. 고양이 털 알레르기인 게 아빠 잘못은 아니지만 왠지 원망스러운 마음이 듭니다.

버림받고 싶지 않아요

소윤이에게 비밀이 하나 생겼습니다. 엄마 몰래 냥냥이를 보러 가는 일이에요. 수림이랑 같이 볼 때도 있고 혼자 볼 때도 있습니다. 냥냥이에 대한 이야기를 하면서 수림이와 예전보다는 조금 더 친해졌습니다. 수림이가 짓궂게 장난칠 때는 여전히 얄밉지만요.

냥냥이를 만지고 온 날은 손과 발을 깨끗하게 씻습니다. 엄마는 조금 놀라는 것 같아요. 그렇게 잔소리를 해도 듣는 둥 마는 둥 하던 소윤이가 이제는 집에 오면 알아서 손을 깨끗하게 씻으니까요.

"우리 딸, 철들었네."

"나도 한다고 마음만 먹으면 잘할 수 있어요."

"흐음, 그런데 왜 갑자기 그런 마음을 먹었을까?"

소윤이는 가슴이 뜨끔합니다. 엄마는 가끔 마법사인가 싶을 정도로 소윤이에게 일어난 일을 잘 알 때가 있어요. 하지만 냥냥이만큼은 절대 비밀입니다. 매일 찾아간 보람이 있었는지 요즘에는 자신을 알아보는 것도 같습니다.

"선생님이 밖에 나갔다 돌아오면 손을 잘 씻어야 한다고 하셨어요."

"그래?"

엄마는 더는 아무 말도 하지 않습니다. 소윤이는 가슴을 쓸어내립니다. 냥냥이를 집에서 키우지는 못하지만 그래도 계속 보고 싶으니까요. 오늘 냥냥이가 몸을 동그랗게 말고 자는 모습을 봤습니다. 어찌나 귀엽던지, 자기도 모르게 손을 뻗어 고양이를 쓰다듬을 뻔했어요.

"그런데 소윤아."

"네?"

냥냥이를 생각하던 소윤이는 깜짝 놀라 엄마를 바라봅니다.

"왜 그렇게 놀라?"

"아, 아니에요. 왜요?"

"수림이랑은 화해했어?"

"수림이?"

"병아리 사건 때문에 수림이랑은 말도 안 할 거라고 했잖아."

소윤이는 놀란 마음을 겨우 진정시킵니다. 엄마가 냥냥이에 대해 알게 될까 봐 조마조마합니다.

"아, 알고 보니까 그렇게 나쁜 애는 아니더라고요."

"그래? 다행이네."

"그런데 수림이는 왜요?"

"오늘 낮에 너랑 수림이랑 얘기하면서 걸어가는 걸 봤거든."

"오늘? 어, 어, 언제?"

"너 놀이터 간다고 했을 때."

"아, 그때……? 그냥 숙제 물어봤어요."

"어떤 숙제인데?"

"버려진 동물에 대해서 조사하는 거예요. 엄마, 나 숙제해야 하는데 컴퓨터 해도 돼요?"

"그래, 한 시간만 하기!"

엄마는 눈을 가늘게 뜨고 소윤이를 바라보더니 주방으로 갑니다.

'휴, 큰일 날 뻔했다.'

 소윤이의 생명노트

반려 동물

사람의 장난감인 애완동물이 아니라 가족처럼 함께 더불어 살아가는 동물이라는 뜻에서 반려 동물이라 이름 붙였다. 사람과 더불어 살면서 동물이 인간에게 주는 여러 혜택을 인정하여 지어진 이름이다. 이 명칭은 1983년 오스트리아 빈에서 열린 인간과 애완동물의 관계를 주제로 하는 국제 심포지엄에서 처음으로 제안되었다. 반려 동물을 키우는 사람이 늘어나면서 버려지는 동물의 수도 늘어났다. 이런 문제를 해결하기 위해 2013년부터 동물 등록제가 시행되고 있다. 3개월 이상 된 개를 기르는 경우 반드시 동물을 시·군·구청에 등록해야 하며 등록하지 않으면 40만원 이상의 과태료가 부과된다. 등록한 동물에는 마이크로 칩을 장착하여 동물을 잃어버리게 되더라도 쉽게 찾을 수 있다.

소윤이는 냉큼 거실로 가서 컴퓨터를 켭니다. 그러고 보니 정말, 숙제를 까맣게 잊고 있었습니다. 버려진 동물들에 대해 조사하고 느낀 점을 써 가는 건데, 소윤이는 냥냥이 생각이 납니다. 냥냥이도 예전에는 주인이 있었을까요?

'왜 버렸을까? 나라면 절대로 안 버릴 텐데.'

소윤이는 숙제를 하면서 버려진 동물들이 굉장히 많다는 사실을 알았습니다. 단지 귀엽다는 이유로, 호기심에, 아니면 키워 보고 싶다고 강아지나 고양이, 햄스터를 사서 키우다가 병이 들거나, 다치거나, 이사를 가거나, 심지어는 싫증이 났다는 이유로 동물들을 버린다고 해요. 집을 찾아오지 못하도록 일부러 멀리 버리는 일도 있고요. 섬에 갖다 버리고 온 사람까지 있다고 합니다.

"어휴, 너무 무책임하다."

"뭘 보길래 그래?"

언제 왔는지 엄마가 소윤이 어깨 너머로 컴퓨터 화면을 보고 있습니다.

"엄마. 이것 좀 보세요. 사람들이 키우다가 버린 동물들이래요."

컴퓨터 화면에는 우리에 갇힌 동물들이 슬픈 눈으로 바깥을 바라보고 있습니다. 버려진 개는 유기견이라고 하고 고양이는 유기묘라고 한대요.

"1년에 버려지는 개가 2,000마리나 된대요."

"세상에, 무책임한 사람들 같으니!"

사람의 생명만 소중한 건 아니에요

"응, 너무 나쁜 사람들이에요. 나라면 어떤 일이 있더라도 절대 버리지 않을 텐데."

엄마는 소윤이 머리를 쓰다듬어 줍니다.

"고양이 못 키워서 속상하지?"

엄마 목소리가 너무 부드러워서 소윤이는 왠지 미안해집니다. 냥냥이에 대해 말하는 게 좋을지, 비밀로 남겨 둬야 할지 마음에 갈등이 생깁니다.

"엄마."

"응?"

"…… 아니에요."

소윤이는 결국 말을 하지 못합니다. 괜히 말했다가 냥냥이를 보러갈 수 없게 될까 봐 덜컥 겁이 납니다. 아직은 좀 더 비밀로 하기로 합니다. 냥냥이가 완전히 건강해질 때까지만이라도요.

길가에 버려진 동물들이 보호소로 가게 되면 10일 동안 입양자를 기다리다가 끝내 데려갈 사람이 나타나지 않으면 죽이는데, 그걸 안락사라고 합니다. 버려지고 결국 죽게 되는 동물들을 생각하니 마음이 너무 아픕니다.

소윤이는 버림받은 강아지 사진을 물끄러미 바라봅니다.

"엄마, 이 강아지, 눈이 너무 슬퍼요."

"그러네. 눈이 참 슬프네."

그날 밤 소윤이는 숙제를 하면서 공책에 이렇게 썼습니다.

내 이름은 냥냥

나는 고양이에요. 이름은 냥냥.
아파트 화단에서 살아요.
예전에는 나도 보살펴 주는 사람들과 함께 살았어요.
그런데 이제 아기 고양이가 아니라고,
예전만큼 귀엽지 않다고 먼 곳에 갖다 버렸어요.
밖에서 사는 건 위험해요.
차들은 너무 빠르고 사람들은 돌을 던져요.
나는 그냥 고양이일 뿐인데.
버림받고 싶지 않아요.
같이 살고 싶어요.

고양이를 부탁해!
길고양이에게 밥을 주는 것은 옳은 일일까?

서울의 한 지방 자치 단체가 '길고양이 급식소'를 만들었다. 길고양이가 많이 다니는 길목에 밥그릇과 급식소를 설치하고 '이곳은 배고픈 길고양이들이 밥을 먹는 곳입니다'라는 팻말을 꽂아 놓았다.

고양이 급식소를 만들기로 결정한 지방 자치 단체는 급식소를 만들면 고양이를 포획해 중성화 수술을 시키기가 쉬워져 길고양이가 늘어나는 것을 막을 수 있고, 고양이의 생활 반경이 먹이를 주는 구역으로 통제가 가능해지기 때문에 급식소가 필요하다고 주장한다.

그동안 길고양이들에게 밥을 주던 사람들은 이 조치를 크게 환영하고 있다. 주인 없는 개나 고양이에게도 최소한의 생존권은 보장해 줘야 한다는 것이다. 사람들이 길고양이를 싫어하는 이유는 쓰레기봉투를 뒤져 주변을 더럽게 만들고 짝짓기를 할 때 시끄러운 울음소리를 내기 때문이다. 급식소를 환영하는 사람들은 고양이에게 지속적으로 밥을 준다면 쓰레기봉투를 뒤지지 않을 것이라고 이야기한다.

반대 여론도 만만치 않다. 안 그래도 길고양이가 많은데 밥을 주면 더 늘어날 것이라는 것이다. 주민들의 의사를 묻지 않고 진행한 것에 대한 반발도 있다. 또 어떤 사람들은 먹이를 준다고 해도 고양이들은 생선 뼈와 같은 것이 들어 있는 쓰레기봉투를 뒤질 것이기 때문에 주변이 지저분해지는 것은 똑같다고도 한다. 이들은 고양이에게 먹이를 줄 돈으로 점심을 굶는 아이들에게 점심 한 끼를 주라고 주장하기도 한다.

한편, 중성화 수술에 대해서도 논란의 여지가 많다. 중성화 수술을 한다고 해서 길고양이의 숫자가 줄어드는 것은 아니라는 의견도 있다. 또한 강제로 수술을 시키고 중성화를 마친 고양이라는 것을 표시하기 위해 귀 끝을 자르는 것이 동물의 생명을 가벼이 여기는 것이라는 의견도 있다.

OX 퀴즈

맞는 설명에는 O, 틀린 설명에는 X표를 하고 왜 틀렸는지 설명해 보세요.

❶ 멸종 가능성이 있는 야생 생물의 명단을 만들어, 그 분포나 생식 상황을 상세하게 소개하는 안내 책자를 적색 자료 목록이라고 한다. 위기를 뜻하는 빨간색 글씨 때문에 붙여진 명칭이다. 이 책에 기재된 야생 생물의 명단을 레드 리스트라고 한다. 1966년에 국제 자연 보호 연합(IUCN)이 작성하였다.

❷ 우리나라에서 반려 동물을 키우는 사람이 늘어나면서 버려지는 동물의 수도 늘어나 이런 문제를 해결하기 위해 동물 등록제가 시행되었다. 반려 동물 등록제는 5개월 이상 된 개를 기르는 경우 반드시 동물을 등록해야 하는 법이다. 등록하지 않으면 40만원 이상의 과태료가 부과된다.

❸ 길고양이에게 너무 가까이 다가가면 안 돼. 먹을 것을 줄 때도 근처에 놓으면 자기가 알아서 먹어. 그리고 소시지나 참치 캔 같은 걸 길고양이에게 주는 사람들도 있는데 그럼 고양이가 위험해진대. 고양이는 소금을 먹으면 안 되는데 사람이 먹는 가공 음식에는 소금이 들어 있으니까.

정답
❶ X (우리를 뜻하는 빨간색 표지 때문에 붙여진 이름이다.)
❷ X (3개월 이상이다. 등록해야 한다.)
❸ O

3장
인간의 욕심으로 사라지는 것들

🐥 사람들 욕심 때문에 동물들이 힘들어요

"다녀왔습니다."

"잘 다녀왔니?"

"엄마 나 숙제 검사 때, 선생님께서 칭찬해 주셨어요."

"숙제? 어제 유기 동물 조사한 거?"

"맞아요, 그 숙제. 다른 애들은 그냥 인터넷에 있는 자료를 그대로 가져왔는데, 나는 자료 조사도 하고 감상을 덧붙여서 아주 잘했다고 칭찬 받았어요."

"우리 소윤이 대단한걸? 인터넷에 아무리 많은 정보가 있다고 해도 그건 정보일 뿐이지 자기 것이 아니야. 요즘 아이들이 인터넷을 너무 많이 하고 인터넷에 있는 정보를 무조건 믿는 것 같아서 엄마는 걱정스러워."

"나는 인터넷 많이 안 하잖아요. 스마트폰도 없고."

"그럼. 우리 소윤이는 그러지 않지."

엄마는 소윤이의 등을 쓰다듬어 주고 소윤이는 그런 엄마의 허리를 감싸 안습니다. 엄마한테서 좋은 냄새가 납니다. 엄마는 화장품 냄새라고 하지만 소윤이는 엄마 냄새가 좋습니다.

"엄마한테서 좋은 냄새가 나요."

"그래?"

"응. 화장품 바꿨어요?"

엄마는 소윤이의 코를 살짝 잡아당깁니다. 소윤이는 엄마 화장품에 관심이 많습니다. 엄마는 손도 못 대게 하지만 소윤이는 틈만 나면 이것저것 엄마 화장품 뚜껑을 열어봅니다. 엄마 몰래 립스틱을 발라본 적도 있습니다. 얼른 어른이 되어서 화장도 하고 싶습니다.

"엄마 화장품 구경할래요."

평소와 달리 엄마는 소윤이랑 화장대 앞으로 갑니다.

"이건 뭐에요?"

소윤이는 작은 유리병을 가리킵니다. 귀여운 토끼 그림이 있습니다. 엄마는 싱긋 웃으면서 말합니다.

"이 화장품은 동물 실험을 하지 않았다는 뜻이야."

소윤이는 깜짝 놀랍니다.

"동물 실험? 화장품이랑 동물이랑 무슨 상관인데요?"

"화장품을 만들게 되면 사람이 바르기 전에 동물한테 먼저 실험을 해. 동물이 발라서 부작용이 없으면 사람이 발라도 된다고 생각하는 거야."

소윤이는 화장품 회사에서 동물 실험을 한다는 이야기를 처음 들었습니다. 동물들이 버려지고 괴롭힘을 당하는 것도 가여운데 실험까지 당하다니 소윤이는 무서워졌습니다.

동물 실험은 화장품 회사에서만 하는 것은 아닙니다. 사람의 병을 치료하는 약을 개발할 때도 동물로 먼저 실험을 한다고 엄마가 설명해 주었습니다.

"태어난 곳에서 살지도 못하고, 버림받고, 잡아먹히고, 무서운 실험까지 당해야 하다니……. 사람을 위해 동물이 너무 희생하는 것 같아."

 소윤이의 생명노트

동물 실험

교육이나 연구 등 과학적 목적을 위해 동물을 대상으로 실시하는 실험 또는 그 과학적 절차를 말한다. 동물 실험은 다양한 형태로 이루어진다. 일반적인 동물 실험은 새로운 제품이나 치료법의 효능과 안전성을 확인하기 위해 이루어지며, 의약품뿐만 아니라 농약이나 화장품, 식품 등이 인체에 미치는 영향을 예측하는 데에 활용된다. 의학이나 생물학 분야에서는 해부를 통해 동물의 생체를 관찰하거나 유전적 특징, 성장 과정 등을 연구한다. 또한 의약품의 원료가 되는 재료를 채취하기도 한다. 동물 실험에는 가축이나 야생 동물을 포함하여 원생동물부터 포유동물까지 다양한 종의 동물들이 사용된다. 2012년 기준, 실험용으로 사용되는 동물은 세계적으로 연간 약 5억 마리이며, 국내에서는 500만 마리 이상이라고 알려져 있다.

소윤이 표정이 한껏 심각해졌어요.

"이런 동물 실험으로 인해서 발전한 것도 많아. 특히 의학이 그렇지."

사람을 대신해서 희생하는 동물들에게 고맙기도 하지만 토끼 눈에 약품을 바르고 얼마나 따가운지, 경련이 일어나는지, 다른 부작용은 없는지 실험을 한다고 생각하면 저절로 얼굴이 찡그려져요. 그런데 이런 동물 실험 덕분에 의술이 발달하였다니 마음이 복잡해집니다.

"동물들 불쌍하지?"

"네."

"오늘 저녁에 삼겹살 구워 먹을 건데 고기 먹지 말까?"

소윤이는 고민에 빠집니다. 삼겹살은 아빠가 가장 좋아하는 겁니다. 소윤이도 엄마도 좋아해요. 그런데 돼지를 생각하니 불쌍해집니다. 그렇다고 채소만 먹고 살 수도 없고……. 소윤이는 혼란스럽습니다.

"엄마, 우리가 돼지고기나 소고기를 먹는 건 생명을 빼앗는 일인 거예요? 그럼 고기를 먹으면 안 되는 거예요?"

"동물도 사람도 무언가를 먹어야 살 수 있어. 먹는다는 건 살기 위한 본능인데 그걸 못하게 할 수는 없지. 그렇지만 동물과 사람이 다른 점은 동물은 꼭 필요한 만큼만 먹는다는 거야. 동물은 배가 부르면 다른 동물을 사냥하지 않아. 하지만 사람은 다르지."

"어떻게 달라요?"

"아프리카 초원에서 사자는 영양을 사냥해서 먹잖아. 바다에서는 상어가 다른 물고기를 잡아먹고. 그건 나쁜 일이 아니라 자연스러운 일이야. 그런데 사람은 배가 고파서 동물을 잡는 것 뿐만 아니라 재미로 사냥을 하기도 하거든. 동물 가죽으로 돈을 많이 벌려고 뱀, 악어, 담비, 족제비 등을 몰래 잡거나, 사람 몸에 좋다고 멸종 위기의 동물까지 마구 잡아들이기도 하고 말이야."

"실은 저도 재미로 개미를 죽인 적이 있어요."

 **소윤이의 생명노트**

사막화

세계에서 가장 넓은 사막인 사하라 사막은 1980년대 겪은 최악의 가뭄이 사막화 작용을 부추겼다. 사하라 사막의 남쪽 지역 사헬은 원래 사막과 초원의 중간지대였지만 심한 가뭄이 계속되고 농경과 가축 사육이 늘면서 초원이 파괴되어 사막이 된 곳이다. 현재 사헬에 위치한 말리, 차드, 수단 등의 나라에서는 물과 식량 부족 현상이 심각하다. 사막이 넓어지면 동물과 식물은 물론 인간이 살 수 있는 땅도 줄어들기 때문에 사막화는 인류 생존의 문제와 맞닿아 있다.

소윤이가 고개를 떨구자 엄마가 소윤이 손을 잡아 줍니다.

"이제라도 알았으면 된 거야. 앞으로는 안 그럴 거잖아. 그치?"

"응, 앞으로는 안 그럴 거예요."

"재미로만 사냥하는 게 아니라 남에게 자랑하거나, 쌓아 두고 만족하고 싶어서 동물을 죽이고 함부로 죽이기도 해. 소윤이도 색연필, 연필, 지우개, 공책 같은 것, 쓰지 않고 쌓아 둔 게 많지?"

"으, 응."

소윤이는 모양이 예뻐서 사 놓고 얼마 쓰지도 않아 싫증났단 이유로 버리거나 책상 서랍 한 켠에 아무렇게나 넣어 둔 학용품이 떠올랐어요.

"그것들을 다 뭘로 만드는지 알아? 대부분 나무로 만들어. 연필도 그렇고, 종이를 만들 때도 나무로 만드니까. 우리가 낭비할수록 동물뿐만이 아니라 식물도 사라지게 되는 거야."

"나무가 사라져요?"

"텔레비전에서 굉장히 큰 사막 본 적 있지?"

소윤이는 고개를 끄덕입니다. 가도 가도 모래밖에 보이지 않는 사막이었어요. 그곳에서는 물이 너무 귀해서 사람들이 물 한 방울이라도 흘릴까 봐 조심스럽게 먹었습니다. 일교차도 매우 커서 낮에는 너무 뜨겁고 밤에는 너무 춥대요.

"옛날에는 사막도 푸르른 숲이었대. 처음부터 사막이었던 곳은 많지

않아."

"정말요?"

믿을 수가 없습니다. 모래와 먼지와 바람만 있는 사막에 숲이 있었다니요.

"그런데 사람들이 나무를 너무 많이 베니까 점점 땅이 메마르기 시작한 거야."

"왜 그렇게 나무를 많이 벤 거예요?"

"도로를 만들려고 베기도 하고, 집을 짓거나 땔감으로 사용하려고 그런 거지. 소윤이가 쓰는 공책, 화장지 같은 걸 만들 때도 필요하고 말이야. 그런데 중요한 건, 나무를 베면 나무만 사라지는 게 아니라는 거야. 나무

나무를 함부로 베어 숲이 사라지고 있다.

가 없어지면 숲이 사라지겠지? 그럼 숲에 살던 다른 식물이나 동물도 살 곳이 없어지는 거야. 소윤이는 우리나라에 호랑이가 살았던 거 아니?"

"동물원에 있는 그 호랑이요?"

"그래. 할머니 할아버지께서 소윤이만 했을 때는 우리나라에도 호랑이가 살았대. 그런데 지금 우리나라에는 호랑이가 없다는 게 전문가들의 의견이야. 왜 호랑이가 없어졌을까?"

"음……. 사람들이 많이 잡아서 없어진 거예요?"

"사람들이 많이 잡기도 했지만 더 큰 이유가 있어. 호랑이는 깊은 산속에서 살아. 그런데 산을 깎아 개간을 해서 농사 지을 땅을 만들다 보니 호랑이가 마음 놓고 살 수 있는 산이 없어진 거야."

"호랑이가 살 수 있는 집이 없어진 거네요?"

"그렇지."

소윤이는 냥냥이를 생각합니다. 오늘도 돌아오는 길에 냥냥이가 먹을 것을 놓고 왔습니다. 지붕도 없는 화단에서 웅크리고 있는 냥냥에게 도 빨리 집이 생겼으면 좋겠습니다.

사라지는 동식물들

냥냥이는 하루가 다르게 건강해지고 있습니다. 오늘은 제법 멀리까지 갔나 봐요. 아까부터 기다리고 있는데 나타나지 않습니다. 소윤이는 학교 가는 길에, 피아노 학원 가는 길에, 조금 더 걷더라도 종종걸음으로 냥냥이를 찾아 갑니다.

"아이 참, 또 어딜 간 거야? 요즘 통 볼 수가 없네."

피아노 학원에 갈 때도 안 보이더니 집에 돌아오는 길에도 보이지 않습니다. 벌써 오후 5시가 넘었는데도요. 소윤이는 슬그머니 걱정이 됩니다. 밥은 잘 먹는지, 짓궂은 아이들에게 돌은 맞지 않았는지, 길을 건널 때 이쪽저쪽 잘 살피는지. 냥냥이를 만나면 조심하라고 잘 타일러 줘야 겠습니다.

"헤헤, 엄마가 된 것 같아."

소윤이는 왠지 뿌듯한 마음이 듭니다. 동물을 돌보는 일은 참 기쁜 일인 것 같습니다. 냥냥이 생각만 하면 마음이 따뜻해집니다. 소윤이는 냥냥이를 만나지 못한 아쉬움을 뒤로 하고 집으로 향합니다.

"다녀왔습니다."

"아이고, 우리 강아지 왔냐?"

"할머니!"

소윤이는 학원 가방을 던지듯 내려놓고 할머니에게 뛰어갑니다. 소윤이는 할머니가 참 좋습니다. 언제나 우리 강아지, 라고 부르면서 소윤이 편을 들어 주시거든요.

엄마가 "공부 좀 해" 이러면 할머니는 "공부보다 건강이야, 실컷 뛰어 놀아야지"라고 합니다.

엄마가 "일찍 자" 이러면 할머니는 "어른들이 다 깨어 있는데 혼자 자고 싶겠냐"고 합니다.

엄마가 "소윤이 버릇 나빠져요" 라고 하면 할머니는 한바탕 크게 웃으면서 "너도 어렸을 때 그랬는데 이렇게 잘 커서 소윤이 같은 예쁜 딸도 낳았잖니."라고 하십니다.

"할머니, 언제 오셨어요?"

"우리 소윤이 보고 싶어서 좀 전에 왔지. 우리 강아지 오늘은 뭐하고 놀았나?"

"냥냥이랑……."

앗, 큰일 날 뻔했습니다. 소윤이는 자기도 모르게 엄마 눈치를 봅니다. 하지만 엄마는 주방에서 음식을 준비하느라 못 들은 것 같습니다. 다행입니다.

"냥냥이?"

"아니, 냠냠 뭐가 먹고 싶다고요."

"배가 고팠나 보네. 뭐 먹고 싶어?"

"떡볶이랑……."

"안 돼! 금방 저녁 먹을 거야."

언제 거실로 나왔는지 엄마가 소윤이에게 매섭게 이야기합니다.

"할머니이!"

"먹고 싶을 때 먹어야지."

"소윤이 너!"

소윤이는 할머니 등 뒤에 숨어 혀를 날름거립니다. 할머니한테는 마음 껏 어리광을 부려도 좋아요. 엄마 아빠도 소윤이를 사랑하지만 잘못했을 때는 따끔하게 혼내기도 합니다. 하지만 할머니만큼은 언제 어느 때 무슨 일이 있어도 소윤이 편이에요.

　소윤이는 할머니랑 같이 자는 것이 좋습니다. 할머니는 재미있는 옛날 이야기를 산더미처럼 아십니다. 할머니 이야기를 듣다 보면 어느새 스르르 잠이 옵니다. 엄마가 어릴 때 들려주던 자장가처럼 포근한 기분이 듭니다.

　그날 저녁, 떡볶이는 못 먹었지만 할머니가 가져오신 고사리, 참나물, 더덕 등 온갖 나물들로 저녁 밥상이 푸짐했습니다. 엄마도 아빠도 할머니가 가져오신 나물을 좋아합니다. 소윤이는 특히 고사리를 좋아합니다. 할머니가 산에서 직접 뜯어 오신 고사리는 마트에서 파는 것보다 훨씬 더 고소하고 맛있습니다.

　"요즘에는 어떻게 그렇게 귀신 같이 알고 다 캐 가는지 나물도 씨가 말랐어."

　"적당히 뜯어 가야 할 텐데, 보는 족족 다 캐 간다면서요. 이러다 나물도 없어지는 건 아닌가 모르겠어요."

　"그거 다 가져가서 제대로 먹기나 할런지 원."

　할머니와 엄마 아빠는 두런두런 이야기를 나눕니다.

　"할머니, 할머니 집 뒷산에는 아직 나무가 많아요?"

　"많지. 하지만 큰 나무는 다 없어져 버렸어."

　"왜요?"

"오래전에 집 짓는다고 다 베어 버렸거든."

"정말? 그러다 사막이 되면 어떡해요!"

소윤이는 걱정이 되어서 큰 소리로 말해 버렸습니다. 그러자 엄마는 깔깔깔 웃고 영문을 모르는 아빠와 할머니는 어리둥절한 표정입니다. 엄마는 얼마 전 소윤이와 나눴던 이야기를 해 줍니다.

"우리 딸 이러다가 환경 지킴이 되겠네."

아빠가 기특한 듯 소윤이를 웃으며 바라봅니다.

"응. 내가 다 지켜줄 거예요."

"어이구, 우리 강아지 다 컸네."

할머니는 따뜻한 눈으로 소윤이를 보면서 고사리 접시를 밀어 줍니다.

"그나저나 날이 갈수록 더워지네."

"그렇죠? 건물이건 자동차건 조금만 더워도 에어컨을 틀고 냉방을 하니 바깥은 점점 뜨거워지고 체감 온도가 갈수록 높아지는 것 같아요. 그러니까 에어컨을 더 틀게 되고. 악순환이 계속되고 있어요."

아빠랑 엄마는 소윤이가 알아듣기 어려운 얘기를 합니다. 하지만 이제 소윤이도 한 가지는 알아요. 지구가 계속 뜨거워지면 북극곰이 살 곳이 결국은 없어질 거라는 사실 말이에요. 사라지는 건 북극곰만이 아닙니다. 바다의 온도가 높아지면 이상 기후가 나타나 갑작스러운 태풍, 허리케인 등 사람의 힘으로는 어쩔 수 없는 커다란 자연재해가 일어난다는 것도 압니다.

　잠들기 전 할머니는 인왕산 호랑이 이야기를 해 주셨습니다. 호랑이를 동물원 우리가 아니라 숲에서 만날 수도 있다니 무섭기도 하지만 신기하기도 했습니다. 할머니는 옛날에는 산에서 들에서 강에서 자연스럽게 보던 것들이 지금은 많이 안 보인다며 안타까워하셨습니다.

　"사람 때문에 다른 생명들이 사라지면 결국에는 사람도 살 수 없다는 걸 왜들 모르는지……."

　할머니는 깊은 한숨을 내쉬었습니다.

함께 생명을 보호해요

　"쉿! 할머니, 저기 봐요. 냥냥이가 지금 자요."

　"아이고, 저 꼬랑지 봐라. 윤기가 반드르르하네."

　소윤이는 할머니와 함께 냥냥이를 보고 있습니다. 할머니가 가시기 전에 꼭 냥냥이를 보여 드리고 싶었거든요.

　"엄마한텐 비밀이에요, 할머니."

　"그래, 그래, 알았다."

　할머니와 소윤이는 화단 앞에 나란히 쭈그리고 앉아 냥냥이를 봅니다.

잠에서 깰까 봐 소곤소곤 속삭이듯 말하면서 말이지요.

"그런데 다리는 어쩌다 다친 게야?"

"누가 던진 돌에 맞았나 봐요."

"사람이나 고양이나 아픈 건 똑같은데 어찌 그리 몹쓸 짓을 했을꼬. 쯧쯧."

할머니와 소윤이는 조용히 일어나 집으로 돌아옵니다. 소윤이와 손을 꼭 잡고 걷던 할머니는 하늘을 보며 혼잣말처럼 중얼거리십니다.

"하늘이 사람을 내었을 때는 자기들이 잘나서 함부로 살라고 한 게 아니고, 다들 사이좋게 살라고 생각하는 힘을 주신 건데……. 저 혼자 잘 살겠다고 다른 생명을 하찮게 여기니 어쩌면 좋으냐."

"할머니, 사람들 때문에 사라진 동물들이 많대요."

소윤이는 지금까지 엄마 아빠에게 들은 이야기며 학교에서 배운 이야기를 할머니께 합니다. 환경이 변해서 적응을 못해 사라진 동식물도 있지만 사람들이 함부로 다뤄서 없어진 동물들도 많다는 이야기를 합니다.

"참 가슴 아픈 일이야. 그렇지만 소윤아, 사람들이 노력해서 다시 돌아온 것들도 있어."

"네? 어떤 거요? 어떤 게 돌아왔어요?"

할머니는 김포의 두루미 이야기를 해 주십니다. 김포는 바다가 가까워 고기도 잘 잡히고 땅이 비옥해서 쌀도 많이 나는 살기 좋은 곳이라고 했

습니다. 김포의 넓은 땅을 '김포평야'라고 부른다고 합니다.

먹을 것이 많고 풍경이 아름다운 곳이어서 그랬는지 김포에는 두루미가 많이 살았대요. 그런데 사람들이 아파트를 짓기 시작하면서 두루미가 살 곳이 점점 없어졌고 결국 사라졌다고 합니다. 사람 사는 집을 짓느라고 두루미 살 집을 없애 버린 것이지요. 하지만 사람들이 다시 농지를 복원하고 두루미가 살 수 있는 환경을 만들면서 두루미가 돌아왔대요. 소윤이는 두루미가 돌아왔다는 사실에 안심이 됩니다. 다른 동물들도 사람들이 노력하면 돌아올 수 있을 거라는 생각에 가슴이 두근거립니다.

"두루미들이 큰 날개를 쫙 펴고 한꺼번에 하늘을 날면 장관이 따로 없단다."

"나도 보고 싶어요. 할머니, 다음에 두루미 보러 오라고 꼭 알려 주세요. 꼭이요.

"그래, 알았다. 꼭 보러 오너라."

" 할머니, 그런데 사람들은 참 이상해요."

"뭐가?"

"그렇게 같이 살 수도 있는데 왜 많은 동물들이랑 식물들을 없애고 그랬을까요?"

"일부러 그랬겠니, 몰라서 그랬지."

"뭘 모르는데요?"

"생명이 얼마나 소중한 건지 모르는 거야."

소윤이는 생각해 봅니다. 자신도 예전에는 개미나 파리, 모기는 막 죽여도 된다고 생각했습니다. 하지만 이제 사람 목숨도 개미 목숨도 길가에 자라는 풀 한 포기의 목숨도 소중하다는 걸 압니다. 앞으로는 예쁘다는 이유로 막 꺾었던 화단의 꽃도 그냥 보기만 할 겁니다. 그래야 냥냥이도 그곳에서 마음 편히 쉴 수 있을 테니까요.

할머니가 김포로 가시고 난 뒤 소윤이는 궁금한 게 또 생겼습니다. 이럴 땐 엄마나 아빠에게 물어봅니다. 아빠는 거실에서 뉴스를 보고 있습니다.

"아빠, 아빠한테 물어보고 싶은 게 있어요."

"응, 우리 딸. 뭐가 또 궁금해?"

"우리나라에 정말

호랑이가 있었어요? 동물원 호랑이 말고, 진짜 호랑이. 엄마랑 할머니께서 그러셨어요. 우리나라에 호랑이가 있었다고."

"어, 맞아. 우리나라도 호랑이가 있었어. 지금은 거의 볼 수 없지만 말이야. 그런데 호랑이가 어쩌다 없어졌는지도 엄마가 이야기해 줬어?"

"너무 많이 잡기도 했고, 호랑이가 사는 산이 다 개발되어 호랑이가 사라졌대요."

"그래, 맞아. 우리나라 호랑이뿐만 아니라 아프리카 코뿔소도 그렇고 콩고의 고릴라도 그렇고. 우리가 사는 세상에는 훨씬 더 많은 동물들이 살았는데 지금은 많이 없어졌지."

호랑이가 없어진 이유도 숲이 없어져서인데, 코뿔소와 고릴라가 없어진 이유도 울창하던 숲이 없어졌기 때문이래요.

"소윤아, 숲을 어떻게 없애는지 아니?"

"나무를 다 베어 버리는 거 아니에요?"

"사람들은 그것보다 더 쉬운 방법을 찾았어. 숲을 없애는 가장 빠르고 쉬운 방법. 바로 불을 내는 거야. 나무와 풀을 다 태워서 없앤 다음 농지로 개간하는 거지."

"일부러 불을 내요? 그럼 그 안에 있던 동물들도 다 불 타 죽을 텐데도요?"

"농지를 만들 생각에 다른 동물들의 생명을 하찮게 여긴 거지. 그뿐만 아니라 사람들의 실수로 자연을 훼손하는 경우도 많아."

"실수로?"

"응, 일부러 그런 것은 아니지만 자연에 엄청난 피해를 주는 일들, 예를 들면 바다에 기름이 유출된 사건 말이야. 숲에 불을 내는 건 농지를 개간하기 위해 일부러 한 일이지만, 바다에 기름이 유출된 건 일부러 벌인 일은 아니지. 하지만 그 일로 인해 바다 생태계는 완전히 망가졌단다. 우리나라 태안반도에서 있었던 기름 유출 사건만 봐도 알 수 있어. 이런 일은 멕시코, 알래스카에서도 있었단다. 그렇게 오염된 바다가 다시 깨끗해지려면 짧게는 30년에서 길게는 몇 백 년이 필요하다고 해."

"몇 백 년이나 걸려요?"

"그래. 자연이 훼손되는 건 한 순간이지만 회복하는 데는 아주 긴 시간이 필요하단다. 환경을 보호하는 일은 동물이나 식물을 위해서 뿐만 아니라 사람들을 위해서도 꼭 필요한 일이야. 자연이 파괴되면 동물과 식물들도 피해를 입지만 인간들도 결국 피해를 입게 되거든."

아빠는 심각한 표정으로 말을 이어갑니다.

"별 것 아닌 것처럼 보이는 동물이나 식물도 다 태어나고 살아가는 이유가 있단다. 토끼가 사라지면 토끼를 먹고 사는 호랑이가 사라지지. 개구리가 사라지면 개구리를 먹고 사는 뱀도 사라지고. 하나의 생명은 또 다른 생명과 연결되어 있거든. 사람도 많은 다른 생명들과 이어져 있어. 그것이 우리가 많은 생명들과 더불어 살아야 하는 이유란다."

2007년 우리나라 태안에서 기름 유출 사건이 있었다. 사람들이 기름을 제거하는 모습

 소윤이의 생명노트

생태계의 먹이피라미드

먹이 피라미드란 생산자를 가장 아래쪽에 놓고 그 위에 순서대로 1차 소비자, 2차 소비자, 3차 소비자를 놓았을 때, 생물의 수가 피라미드처럼 위로 갈수록 줄어든다고해서 붙여진 이름이다.

싫증나면 버려지는 동물들

우리나라에서 반려 동물을 키우는 사람은 1,000만 명에 달한다. 키우는 사람이 많은 만큼 버려지는 동물도 많아지고 있다. 없으면 못 살 것처럼 애지중지하다 귀찮아지면 버려지는 유기견이 전국적으로 급증하고 있다.

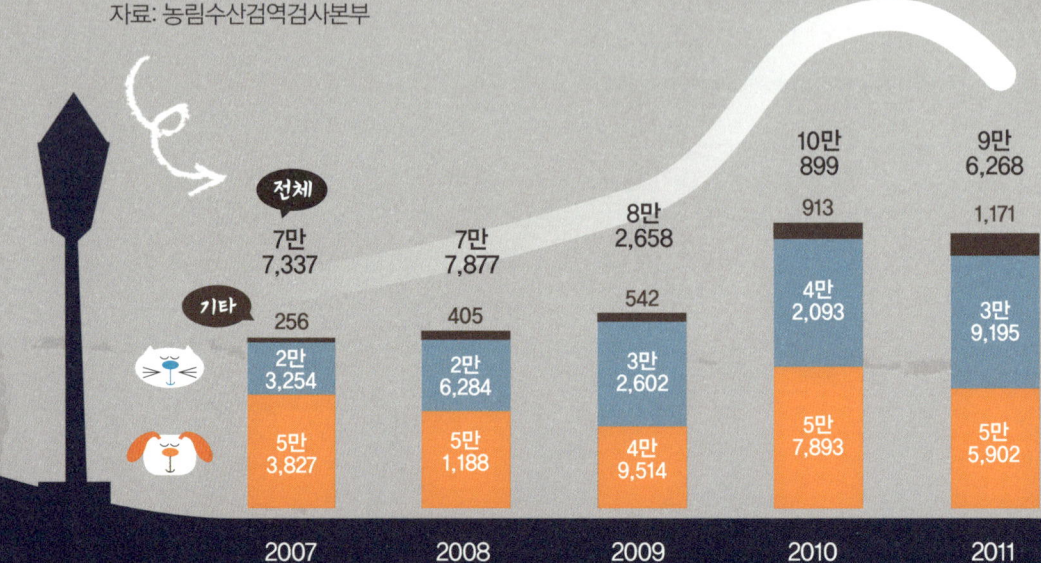

월별 유기견 발생 현황

출처: 서울특별시청

반려 동물은 특히 7, 8월 휴가철에 집중적으로 버려진다. 휴가 기간 동안 돌봐줄 사람이 없다는 핑계로 반려 동물을 버리는 것이다.
반려 동물은 그 이름처럼 짝이자 벗이요, 동반자다. 갖고 놀다 싫증 나면 버리는 장난감이 아니라 책임지고 끝까지 함께해야 할 '생명'인 것이다.

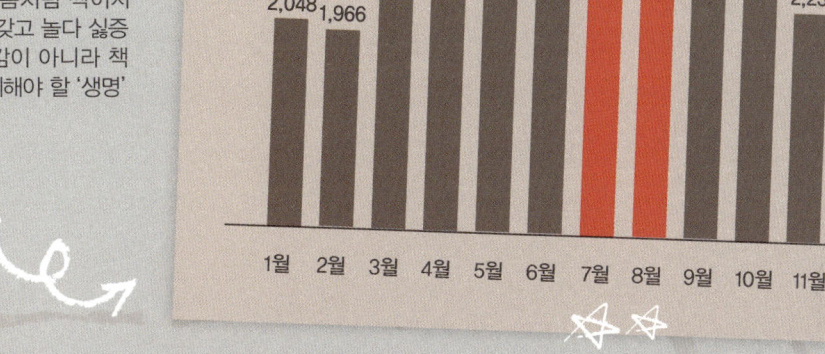

(단위 : 마리)

1월	2월	3월	4월	5월	6월	7월	8월	9월	10월	11월	12월
2,048	1,966	2,725	2,871	3,181	3,292	3,775	3,564	3,158	2,825	2,235	1,711

유기 동물 처리 현황 (단위 : %)

출처: 국립수의과학검역원(2008년)

유기 동물들은 안락사 되는 경우가 가장 많다. 2008년 유기 동물 30.9%가 안락사로 생을 마감했다. 주인을 만난 동물은 4.9%에 불과했다. 즉, 유기 동물 2마리 중 1마리 꼴로 버려짐과 동시에 죽음을 맞는다.

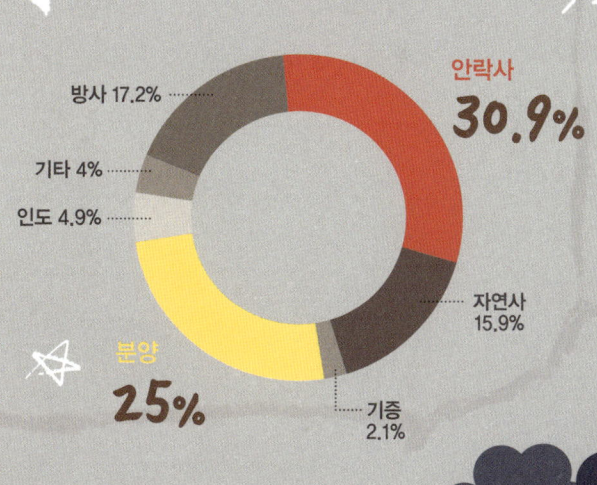

- 안락사 30.9%
- 분양 25%
- 방사 17.2%
- 자연사 15.9%
- 인도 4.9%
- 기타 4%
- 기증 2.1%

동물 실험의 과거와 현재

동물의 해부와 실험은 고대 그리스 시대에도 이루어졌다. 의학의 아버지인 히포크라테스는 동물 해부를 통해 생식과 유전을 설명했고 2세기 로마의 외과의사였던 갈레노스는 원숭이, 돼지, 염소 등을 해부하여 심장, 뼈, 근육, 뇌신경 등에 대한 의학적 사실을 규명한 것으로 유명하다. 16세기 베살리우스에 의해 인체 해부학이 발전하기 전까지 동물 해부 연구는 의학에서 가장 중요한 토대였다.

동물 실험이 독성학, 생리학 등의 분야에서 본격적으로 활용된 것은 19세기 이후이다. 파스퇴르의 탄저병 연구와 백신 실험에도 양 등을 활용한 동물 실험이 기초가 되었다. 한편, 1900년경에 러시아의 생리학자 이반 파블로프는 개의 식도에 관을 삽입해서 타액이 입 밖으로 나오도록 수술한 뒤에 조건 반사 실험을 한 것으로 유명하다.

이렇게 동물 실험이 의학과 생물학을 진보시키는 데 결정적인 역할을 하는 동안 동물 실험을 반대하는 사람들도 늘어났다. 프랑스의 생리학자 클로드 베르나르는 동물 실험을 생리학 분야의 표준적인 연구 방법으로 확립시킨 사람이다. 이런 베르나르의 실험을 가장 가까이에서 지켜봤던 가족과 조수들은 열성적으로 동물 실험에 반대했는데, 베르나르의 부인은 프랑스 최초로 동물 생체 해부 반대 협회를 설립했다. 다윈도 동물 실험에 대해 갈등한 것으로 유명하다. 그의 주도 아래 1876년에는 동물 실험을 규제하는 동물 학대법이 제정되기도 했다. 다윈은 생리학 분야에서 동물 실험이 유용하다는 점은 인정했지만 끔찍한 동물 실험이 정당화될 수는 없다고 말했다고 전해진다.

현재 동물 실험을 대체할 수 있는 다양한 방법들이 연구되고 있다. 인공 피부를 이용하거나 컴퓨터 시뮬레이션과 환자 관찰 같은 방법을 적절히 활용한다면 동물 실험을 하지 않고도 충분히 동물 실험 이상의 정보를 얻을 수 있다고 한다. 동물 실험 이상의 실효성에 윤리적으로도 정당한 방안을 모색하기 위한 연구가 앞으로 더 진행되어야 할 것이다.

4장
생명을 소중하게 여겨 주세요

살아 있어서 행복해요

    소윤이는 학교에서 모둠 활동을 합니다. 이번 모둠 활동에는 수림이도 같은 조가 되었어요. 냥냥이를 함께 돌보면서 소윤이와 수림이는 많은 이야기를 나눴어요. 걱정하지 않아도 될 정도로 건강해진 냥냥이는 요즘 화단에서 좀처럼 볼 수 없습니다. 어딘가에 새 집을 구했나 봅니다. 왠지 조금은 섭섭하기도 해요.

"요즘 냥냥이 본 적 있어?"

"아니. 통 못 봤네."

수림이도 냥냥이를 못 본 지 일주일이 넘었다고 합니다.

"그 녀석은 걱정하지 않아도 돼. 영리한 놈이니까."

"응."

소윤이는 고개를 끄덕입니다. 집에서 기르지 않아도 냥냥이가 어딘가에 살아 있다는 것만으로도 행복합니다. 이젠 냥냥이도 조심하는 법을 배웠을 테니 자기 몸을 잘 돌보면서 지내겠지요?

"그나저나 이번 숙제 어렵다."

"발표는 누가 할 거야?"

"각자 조사하고 싶은 것부터 얘기해 보자."

시끌시끌한 가운데 같은 조가 된 친구들은 자기 생각을 말합니다. 1학년 때부터 해 왔던 모둠 활동이라 어떻게 해야 하는지 모두들 잘 압니다.

"나는 사형 제도를 조사할게."

"야, 무섭다."

소윤이의 말에 다른 남자아이가 일부러 과장된 행동을 하며 놀라는 척합니다. 소윤이는 흥, 하고 별다른 대꾸를 하지 않았어요. 어려운 이야기지만 관심이 가는 주제였거든요.

"왜 하필 사형 제도야?"

수림이가 궁금하다는 듯 묻습니다.

"너 얼마 전에 뉴스에 난 사건 기억 나?"

"아, 그 사건!"

한동안 반 친구들 사이에서도 떠들썩하게 이야깃거리가 되었던 일입니다. 외국에서 큰 죄를 지은 사람에게 사형이 선고되었는데 아무리 큰 죄를 지었다고 해도 사형을 시키는 게 맞느냐부터 그래도 사형은 안 된다는 둥 말이 많았거든요.

동물과 식물은 사람들 때문에 죽고 다치고 사라지기도 합니다. 그런데 사람이 다른 사람을 다치게 하고, 못 살게 굴고, 때로는 스스로 목숨을 끊으려고 하는 사람도 있다는 것을 알고 소윤이는 마음이 혼란스러웠어요.

소윤이는 이번 기회에 사형 제도에 대해 공부하기로 마음먹었어요. 그런데 사형이라는 말만 들어도 좀 무서운 생각이 들어 인터넷에서 검색하기 전부터 가슴이 두근두근합니다. 다른 자료를 찾을 때처럼 쉽사리 검색어를 넣을 수가 없습니다. 이럴 땐 한 가지 방법이 있죠!

"엄마!"

"왜?"

"엄마!"

"알았다, 간다, 가. 오늘따라 왜 이렇게 엄마를 부를까?"

소윤이는 학교 모둠 활동에 대해 엄마에게 설명합니다. 사형이라는 말을 듣자 엄마의 이마에 주름이 살짝 잡히지만 소윤이가 열심히 설명하자 엄마도 고개를 끄덕입니다.

"소윤이는 왜 사형 제도에 대해 알고 싶어?"

"사람 목숨은 누구에게나 소중한 건데 사형은 사람 목숨을 빼앗는 거잖아요."

"사람을 죽이는 일 같은 큰 죄를 짓지 말라고 경고를 하기 위해서가 아닐까?"

"엄마는 사형 제도에 찬성해요?"

"아니. 엄마는 반대해."

"왜요?"

"사형 제도가 있으면 흉악범죄를 예방할 수 있다고 해. 하지만 실질적으로 사형을 시킨다고 범죄가 줄어드는 것은 아니라는 연구 결과가 있거든. 그리고 죄를 짓지도 않았는데 억울하게 누명을 쓴 경우도 있을 수 있잖아. 그럴 때 사형을 시키면 돌이킬 수가 없어. 엄마는 사형 제도가 반드

 소윤이의 생명노트

사형 제도의 역사

사형은 가장 오랜 역사를 지닌 형벌이다. 고대와 중세 때 주된 형벌로 사형이 이루어졌다. 나라를 어지럽게 하거나 다른 사람을 죽이거나 해를 끼치면 죗값을 치러야 한다고 생각해서이다. 그러다 18세기에 인간의 존엄성에 대한 관심이 높아지면서 사형이 점차 줄어들기 시작했다. 우리나라는 19세기 후반까지 사형이 일반적인 형벌이었으나 점차 사형당한 사람의 숫자가 줄어 1997년 이후 사형이 집행되지 않고 있다. 현재 122개 국가가 사형 제도를 폐지하거나 중지했고 한국, 일본, 미국을 포함한 74개국은 여전히 사형 제도를 유지하고 있다.

시 법의 질서를 지키는 것은 아니라고 생각해."

"모녀가 무슨 이야길 그렇게 재미있게 해? 나만 쏙 빼놓고."

소윤이와 엄마는 이야기를 나누느라 아빠가 퇴근하고 집에 온 줄도 몰랐어요.

"언제 왔어요? 소윤이가 학교 모둠 활동으로 사형 제도를 공부한다고 해서. 그 얘길 하던 참인데……."

"억울하게 사형 당할 수도 있다는 얘길 하고 있었어요. 아빠, 진짜 그래요?"

"하하, 아빠 방금 집에 왔어. 숨 좀 돌리자."

아빠는 옷을 갈아 입고 나와 소윤이 옆에 앉습니다.

"사형 제도에 대해 얘기하고 있었다고? 억울하게 사형 당한 사람이라……. 그래, 그럴 수도 있지. 그래서 사형은 굉장히 조심스럽고 신중해야 하는 문제야."

"하지만 피해를 당한 가족 입장에서 보면 범죄를 저지른 사람이 너무 원망스러울 거예요."

소윤이의 말에 아빠는 고개를 끄덕입니다.

"물론 그렇지. 그 심정을 어떻게 말로 다 할 수 있겠어. 다만 사형 제도는 사형수 한 사람의 인권이 아니라 생명권이라는 입장에서 봐야 한다고 생각해."

"아빠, 그래서 아빠는 사형 제도에 찬성하는 거예요, 반대하는 거예요? 엄마는 반대하신대요."

"아빠도 반대야."

"왜?"

"생명권을 보호한다는 이유가 첫 번째고, 두 번째는 죄를 짓는 이유가 개인의 문제가 아니라 사회의 문제 때문일 수도 있어서야. 무조건 죄를

 소윤이의 생명노트

안락사와 존엄사

안락사는 불치의 질병으로 고통 받는 환자의 고통을 덜어 주기 위해 인위적으로 죽음을 앞당기는 것을 뜻한다. 안락사는 크게 두 가지로 나눌 수 있다. 하나는 약물 등을 사용해서 직접 사망을 유도하는 적극적 안락사이다. 그리고 가족의 요청에 따라 영양 공급이나 약물 투여를 멈추고 자연스럽게 죽음을 맞는 소극적 안락사가 있다. 현재 적극적 안락사는 대부분의 나라에서 금지하고 있지만 소극적 안락사는 유럽을 중심으로 몇몇 나라들이 허용하고 있다. 소극적 안락사와 비슷한 개념으로 존엄사가 있다. 존엄사는 말 그대로 품위 있는 죽음을 말한다. 인간적 삶을 살 수 있도록 최선의 의학적인 치료를 다 했음에도 돌이킬 수 없는 죽음이 임박했을 때 무의미한 연명 치료를 중단함으로써 질병에 의한 자연적인 죽음을 받아들이는 것이다. 이때는 의학적 치료가 더 이상 생명을 연장할 수 없기 때문에 무의미한 연명 치료를 중단하더라도 그로 인해 생명이 단축된다고 보지 않는다.

지은 사람만 나쁘다고 할 수는 없는 거지. 그러니까 죄를 지은 사람한테 벌을 주어야 하는 건 맞지만 동시에 우리가 더불어 잘 살 수 있는 사회를 만드는 데 더 힘을 쏟아야 한다는 거야."

"음, 좀 어려워요."

"좀 쉽게 설명해 볼까? 만약에 소윤이 반에서 어떤 아이가 왕따를 당한다고 생각해 봐. 그 아이가 나쁜 짓을 해서 왕따를 당하는 것만은 아니지? 왕따를 시키는 애들한테도 문제가 있는 거잖니."

"우리 반엔 왕따 없어요."

"다행이구나. 우리 딸이 왕따를 당하거나 다른 친구를 왕따 시킨다면 아빠는 너무 슬플 거야."

"당신도 참. 이러다가 소윤이 사회운동가에 정치한다고 나서겠어요."

엄마의 농담에 아빠는 껄껄 웃습니다.

"요즘 학교에서 왕따 때문에 자살하는 아이들이 늘어난다니까 하는 말이지. 아이들이 스스로 목숨을 끊다니, 정말 마음 아픈 일이잖아."

생명권은 그 무엇보다 생명에 우선적 가치를 부여하는 권리입니다. 생명이 있는 존재는 누구나 자신의 생명을 소중히 여기고 지킬 권리가 있어요.

"그러고 보면, 생명권 입장에서 가장 논란이 되는 건 안락사 문제 아니에요?"

"그렇지. 의식이 오랫동안 돌아오지 않은 환자의 안락사는 찬성과 반대입장이 팽팽하게 맞서잖아. 당신은 어때? 찬성이야, 반대야?"

펠릭스 아들러. 만성질환자의 경우 안락사 허용을 주장한 사람이다.

"나는 반대예요. 의식 불명의 환자가 자기 뜻을 알리기 어려운 상황에서 가족과 병원의 합의로 인공호흡기를 떼는 건 살인이라고 생각해요."

"하지만 안락사를 찬성하는 사람들은 회생 가능성이 없는 환자의 연명 치료는 무의미하다고 주장하잖아. 의학적으로만 살아 있을 뿐, 살아 있는 사람이라고 볼 수 없다는 그 말도 아주 틀린 건 아니야. 회생 가능성이 없는 말기 암 환자의 고통을 줄여 준다는 말도 일리가 있고."

"그렇기는 하죠. 양쪽 다 틀린 말은 아니니까. 여기에서 가장 중요한 건 가족이나 의사 같은 제3자가 아니라 환자 본인의 의지가 반영되었느냐 하는 게 아닐까요? 평소에 안락사에 대해 본인의 의사를 밝혔다면 그 의

사를 존중해야 하고, 그렇지 않은 경우 정말 신중하게 결정해야 하는 문제라고 생각해요."

"엄마, 아빠, 좀 천천히 말해 주면 안 돼요? 나 받아 적기 힘들어요."

어느새 연필과 공책을 들고 와서 이야기를 받아 적고 있는 소윤이를 엄마와 아빠는 사랑스럽게 바라봅니다.

"하하하. 그래, 그래. 소윤이 숙제 때문에 시작된 이야기가 길어졌네. 우리 소윤이 지금까지 엄마랑 아빠가 한 말 다 이해할 수 있어?"

"어느 정도는. 뉴스에서도 들어본 말이기도 하고요. 생명에 대해 공부하고 배울수록 쉽게 결정하지 못하는 문제들이 많은 것 같아요. 그만큼 생명은 소중하다는 뜻인 건가?"

"우리 소윤이가 요즘 부쩍 큰 것 같아."

아빠는 대견하다는 듯 소윤이 머리를 쓰다듬더니 꼭 안습니다. 소윤이는 아빠 품에서 아빠의 심장 소리를 듣습니다. 쿵쿵쿵쿵, 아빠의 심장이 힘차게 뜁니다. 아빠의 따뜻한 체온이 느껴집니다.

누구든 생명은 소중해요

"소윤아, 얼른 일어나! 학교 늦겠다."

"일어났어요."

세수를 하고 나오니 엄마가 벌써 아침상을 차려 놓았습니다.

"오늘은 계란말이네?"

소윤이는 수저를 들기도 전에 싱글벙글 입가에 미소가 번집니다. 병아리 사건 이후 한동안 계란도 치킨도 먹지 않았던 소윤이지만 지금은 다시 잘 먹게 되었어요. 생명의 소중함을 알고부터 무엇이든 감사하게 먹겠다고 다짐했거든요.

"오늘 가져갈 건 다 챙겼어?"

"네. 숙제도 다 했고, 준비물도 챙겼어요."

소윤이는 밥 한 그릇을 뚝딱 먹고 자리에서 일어납니다.

"다녀오겠습니다!"

"재밌게 공부하고 와."

엄마는 공부하라는 이야기는 꼭 빼놓지 않는다니까요. 하지만 소윤이는 요즘 학교 가는 길이 즐거워졌습니다. 그동안 깜짝 놀랄 일이 생겼거든요. 냥냥이가 가족을 데리고 돌아왔지 뭐예요.

"와, 있다 있어."

"수림아, 일찍 왔네?"

"쉿! 새끼 고양이들이 자."

"너무 귀엽다."

수림이와 소윤이는 넋을 잃고 새끼 고양이들을 바라봅니다. 까만 놈이 한 마리, 얼루기가 두 마리예요. 소윤이 손바닥만한 새끼 고양이들이 냥냥이 품에서 곤히 자고 있습니다. 숨을 쉴 때마다 작은 공 같은 몸이 부풀었다 내려갔다 해요. 보고만 있어도 행복해집니다.

"이름을 지어 줘야 할 텐데."

"소윤이 넌 뭐라고 지어 주고 싶어?"

"까만 놈은 까미라고 하면 어떨까? 그런데 아직 얼루기 두 마리는 헷갈려."

"하하하. 자세히 보면 달라."

"그래?"

소윤이는 더 유심히 바라봅니다. 하지만 똑같은 자세로 자고 있으니 잘 모르겠어요.

"일단 까만 녀석은 까미라고 하자."

"응. 까미, 자는 건 더 예쁘다!"

냥냥이가 새끼 고양이를 낳다니! 이 사실을 알려준 사람이 바로 수림이에요. 아파트 주차장 뒤쪽에 있는 작은 덤불숲에 냥냥이랑 새끼 고양이들이 있다고 해서 얼마나 놀랐는지 몰라요. 그날 수림이와 소윤이는 몰래 작은 담요와 상자를 가지고 나와서 냥냥이와 새끼들을 위해 집을 만들어 주었어요. 먹을 것과 마실 물도 갖다 주었지요.

"냥냥이가 잊지 않고 다시 돌아온 거지?"

"응. 우리를 기억하고 있었나 봐."

"한동안 안 보여서 걱정했는데. 냥냥이한테도 가족이 생겼구나."

"다행이야."

소윤이는 고양이 가족을 흐뭇하게 바라봅니다. 엄마 아빠도 소윤이가 자는 모습을 볼 때 이런 마음일까요?

"아, 늦겠다. 수업 시작하기 전에 애들이랑 축구하기로 했는데. 나 먼저 간다."

수림이가 손을 흔들며 뛰어갑니다. 소윤이는 조금 더 냥냥이 가족을 바라보다 일어납니다.

아침 바람에 나뭇잎이 흔들립니다. 나뭇가지에 앉아 있던 새들이 힘차게 날갯짓을 합니다. 어디선가 강아지가 짖는 소리가 들립니다. 학교 가는 아이들이 떠드는 소리도 들립니다.

소윤이는 하나하나에 귀를 기울여 봅니다. 살아 있는 생명들은 모두 저마다 다른 소리를 냅니다. 집에서 학교까지 가는 짧은 거리에도 많은 생명들이 함께 살고 있습니다. 소윤이도, 수림이도, 엄마도 아빠도, 냥냥이도, 나무도 새들도, 친구들도 지금 여기에서 모두 함께 살아갑니다.

"와아, 살아 있다는 건 참 좋구나!"

소윤이는 괜히 기분이 좋아집니다. 깡충깡충 뛰어봅니다. 팔 다리를 힘차게 움직이면서 달려갑니다. 바람이 소윤이의 등을 살짝 밀어 줍니다.

다른 나라에서는 존엄사와 안락사에 대해 어떻게 생각하고, 어떻게 대하고 있을까요?

영국
법으로 금지하나 '사망 유언' 허용. 존엄사 폭넓게 인정하는 편.

독일
무의미한 연명 의료에 대한 환자의 자기결정권을 중시. 민법(2009년 개정)상 엄격한 과정을 거친 후 연명 의료 중단 가능.

벨기에
2002년 적극적 안락사 인정.

프랑스
말기 환자에 한해 제한적으로 존엄사 권리 인정 등 제한적 허용.

이탈리아
2008년 첫 존엄사 허용 확정 판결.

네덜란드
세계 최초 존엄사, 안락사 합법화.

스위스
소극적 안락사와 자살 협조 행위 허용.

대만
무의미한 연명 치료 중단 허용.

찬성? 반대?
우리나라 사람들은 안락사를 어떻게 생각할까?

1 고통이 극심한 불치병 환자가 죽을 권리를 요구할 때 의료진은 치료를 중단해야 하는가?

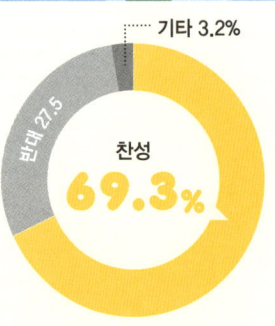

기타 3.2%
반대 27.5
찬성 69.3%

미국
주별로 차이가 있음. 50개 주 중 40개 주가 소극적 의미의 안락사 인정. 오리건 주는 '사리분별력 있는 환자가 의사에게 인간의 존엄성을 지키며 죽을 수 있도록 조치해줄 것을 요구할 수 있다'는 내용의 존엄사법 시행. 캘리포니아 주는 환자의 자발적 의사에 따른 소극적 안락사라고 인정되면 자연사 법에 따라 의사는 면책.

일본
법적으로 허용 안됨(살인죄 적용). 산호호흡기 등 생명연장 수단을 제거하는 소극적 안락사나 존엄사는 대체로 인정.

오스트레일리아
'중환자들에게 더 이상의 치료를 거부할 수 있는 권리를 보장한다'는 내용의 자연사법을 일부 주에서 시행.

2

환자가 의식불명이 될 경우를 대비해 당사자가 사전에 치료 거부(또는 중단) 의사를 표시했다면 어떠한 경우에도 이를 존중해야 하는가?

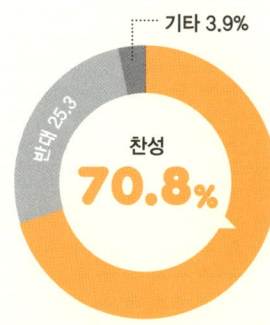

기타 3.9%
반대 25.3
찬성 **70.8%**

3

의사가 환자의 호소를 받아들여 약물이나 의료기구를 이용해 환자를 죽음에 이르도록 하는 적극적 안락사를 인정해야 하는가?

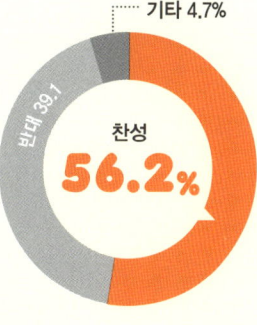

기타 4.7%
반대 39.1
찬성 **56.2%**

내 생명 소중하게 가꾸기

2012년 유엔이 발표한 '세계 행복 보고서'에서 한국은 156개국 중 56위였다. 어린이와 청소년의 주관적 행복 지수는 69.3으로 OECD 23개 국가 중 꼴찌였다. 우리나라 통계청 사망 통계에 따르면 지난 2003년 10대 자살자는 82명으로 집계되었는데, 2011년에는 4.5배가 넘는 370여 명으로 나타났다.

최근 자살률이 높아지면서 자살의 원인에 대해 관심을 갖는 사람들이 늘어났지만, 지금까지는 자살을 개인의 문제라고 여겨 심각하게 받아들이지 않은 것이 사실이다. 그러나 자살은 결코 개인적인 문제가 아니다. 특히 어린이와 청소년이 자살하는 이유는 대부분 성적 비관과 가정불화, 우울증, 학교 폭력 등 환경적 요소와 결합되어 있다. 따라서 어린이와 청소년의 자살은 사회적 차원의 예방책이 특히 중요하다.

주변의 관심과 배려로 적절한 때에 미리 관리하면 어린이와 청소년의 자살은 크게 줄일 수 있다. 많은 전문가들은 어린이와 청소년의 자살이 도와달라는 메시지라고 해석한다. 가정 내의 문제나 학교 폭력과 같은 문제를 해결하지 못해 마지막으로 자살을 택하는 경우가 많다는 것이다. 청소년 문제에 있어 조기 개입 프로그램을 마련하는 것이 중요한 이유가 바로 여기에 있다.

모든 사람은 세상에 태어난 저마다의 목적이 있고, 각자 의미가 있는 존재이다. 어린이와 청소년이 자신의 문제와 관련된 기관과 단체들을 미리 알아두면 실질적인 도움을 얻을 수 있을 것이다. 생명을 소중히 여기는 긍정적인 사고와 감정을 조절할 수 있는 건강한 마음으로 자라날 수 있도록 주변 사람들의 관심과 지도가 필요하다.

Quiz

퀴즈 단어 찾기

본문 속에 나왔던 단어들이 퍼즐 안에 숨어 있어요.
보기를 보고 해당하는 단어를 찾아 보아요.

보기
① 수형자의 목숨을 끊음.
② 원수를 갚음.
③ 남에게 진 빚을 갚음.
④ 자신의 생명이나 신체, 재산, 명예 따위에 침해 또는 위협을 받은 사람.

정답: ① 사형 ② 보복 ③ 변제 ④ 피해자

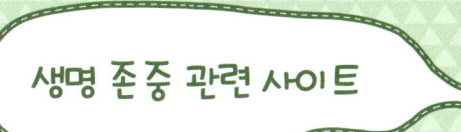

생명 존중 관련 사이트

동물보호 관리 시스템 http://www.animal.go.kr

농림축산검역본부에서 운영하는 홈페이지로 동물보호법의 필요성을 널리 알리고 교육정보를 알려주는 사이트예요. 유기동물과 동물 보호소를 소개하고 검색할 수 있도록 되어 있습니다. 또한 동물을 입양할 수 있도록 안내 역할을 하는 동시에 동물을 입양하기 전에 체크해야 할 사항 등을 소개하고 있습니다.

KFDA 실험동물제도 http://www.kfda.go.kr/labanimal

식품의학안전처에서 운영하는 사이트입니다. 실험동물제도를 소개하고 동물 실험에 관한 법률과 실험수행절차 등 구체적인 과정을 소개하고 있습니다. 실험동물 관련 법률도 소개하고 있습니다.

동물자유연대 http://www.animals.or.kr

동물 보호 및 유기견, 유기 동물 입양 캠페인을 벌이고 있는 단체가 운영하는 사이트입니다. 동물자유연대는 반려 동물과 농장동물, 동물 실험 반대와 야생 동물 보호 등 다양한 캠페인을 펼치고 있습니다. 동물의 복지를 위해서 활동하는 단체입니다.

어려운 용어를 파헤치자!

가해자 다른 사람의 생명이나 신체, 재산, 명예 따위에 해를 끼친 사람.

개간 거친 땅이나 버려진 땅을 일구어 쓸모있는 땅으로 만듦.

고사리 양치식물 고사릿과의 여러해살이풀. 높이는 1미터 정도이며, 이른 봄에 싹이 뿌리줄기에서 돋아나는데 꼭대기가 꼬불꼬불하게 말리고 흰 솜 같은 털로 온통 덮여 있다. 어린잎은 식용으로 사용하고 뿌리줄기는 녹말을 만든다.

대륙붕 육지나 큰 섬 주변을 둘러싸고 있는 육지 가까운 얕은 바다.

매머드 약 480만 년 전부터 4천 년 전까지 존재했던 포유류이며 긴 코와 4m 길이의 어금니가 있다. 극한 추위에 견딜 수 있게 온몸이 털로 뒤덮여 있었지만 마지막 빙하기 때 멸종한 것으로 추정된다.

멸종 생물의 한 종이 없어지는 일.

박제 죽은 동물의 몸에 화학처리를 해 살아 있을 때와 같은 모양으로 만든 것.

반드르르하다 윤기가 있고 매끄럽다.

복원 원래대로 회복함.

생명권 인격권의 하나. 인간의 생명이 불법으로 침해 당하지 아니할 권리이다.

알레르기 처음에 어떤 물질이 몸속에 들어갔을 때 그것에 반응하는 항체가 생긴 뒤, 다시 같은 물질이 생체에 들어가면 그 물질과 항체가 반응하는 일. 천식, 코 안 점막의 염증, 피부 발진 등의 증상이 일어난다.

얼루기 얼룩얼룩한 점이나 무늬. 또는 그런 점이나 무늬가 있는 짐승이나 물건.

유출 밖으로 흘러 나가거나 흘려 내보냄.

이기심 자기 자신의 이익만을 꾀하는 마음.

지구 온난화 지구 표면의 온도가 점점 높아지는 현상

천적 잡아먹는 동물을 잡아먹히는 동물에 상대하여 이르는 말. 예를 들어 쥐를 주로 잡아먹는 뱀은 쥐의 천적이다.

체감온도 인체가 느끼는 더위나 추위를 수량적으로 나타낸 것. 온도, 습도, 풍속, 일사량, 복사 따위를 바탕으로 계산한다.

신 나는 토론을 위한 맞춤 가이드

생명 존중에 대한 이야기를 재미있게 읽었나요? 이제 박사가 다 되었다고요? 마지막 단계로 토론을 준비해보아요. 토론을 잘하려면 올바른 지식과 다양한 정보가 바탕이 되어야 해요. 책을 다 읽고 친구 또는 엄마와 함께 신 나게 토론해 볼까요?

잠깐! 토론과 토의는 뭐가 다르지?

토론과 토의는 모두 어떤 문제를 해결하기 위해 의견을 나누는 일입니다. 하지만 주제와 형식이 조금씩 달라요. 토의는 여러 사람의 다양한 의견을 한데 모아 협동하는 일이, 토론은 논리적인 근거로 상대방을 설득하는 일이 중요합니다. 토의는 누군가를 설득하거나 이겨야 하는 것이 아니기 때문에 서로 협력해서 생각의 폭을 넓히고 좋은 결정을 내릴 때 필요해요. 반면 토론은 한 문제를 놓고 찬성과 반대로 나뉘어 서로 대립하는 과정을 거치지요. 넓은 의미에서 토론은 토의까지 포함하는 경우가 많습니다. 토론과 토의 모두 논리적으로 생각의 체계를 세우고, 사고력과 창의성을 높이는 데 도움을 준답니다.

토론의 올바른 자세

말하는 사람
1. 자신의 말이 잘 전달되도록 또박또박 말해요.
2. 바닥이나 책상을 보지 말고 앞을 보고 말해요.
3. 상대방의 주장이 자신과 달라도 존중해 주어요.
4. 주어진 시간에만 말을 해요.
5. 할 말을 미리 간단히 적어 두면 좋아요.

듣는 사람
1. 상대방에게 집중하면서 어떤 말을 하는지 열심히 들어요.
2. 비스듬히 앉지 말고 단정한 자세를 해요.
3. 상대방이 말하는 중간에 끼어들면 안 되요.
4. 다른 사람과 떠들거나 딴짓을 하면 안 되요.
5. 상대방의 말을 적으며 자기 생각과 비교해 보아요.

체계적으로 생각하기 1
제돌이가 돌아갔어요

제돌이는 동물원에서 돌고래 쇼를 하던 돌고래였습니다. 남방큰돌고래로는 아시아에서 최초로 자연에 방류가 결정되었고, 많은 화제가 되었지요. 제돌이가 포획될 때부터 바다로 방류되기까지 어떤 일이 있었는지 알아봅시다. 괄호에 알맞은 말을 넣어 보세요.

제돌이가 갇혔어요
돌고래는 (　　)이 뛰어나 무리와 떨어져 좁은 수족관에 갇혀 살면 큰 스트레스를 받게 됩니다. 그래서 포획된 돌고래 중에는 제 수명을 다하지 못하고 죽는 경우가 많지요. 제돌이와 같이 잡힌 돌고래는 (　　)마리 였지만, 그중 (　　)마리가 스트레스를 견디지 못하고 죽었어요.

바다로 돌아갈 준비를 하다
(　　)에서 잡힌 제돌이는 서울로 옮겨져 돌고래 쇼를 했지요. 그런데 불법으로 돌고래를 잡아 훈련을 시키고 공연을 했다는 사실이 밝혀지면서 자연으로 돌려보내야한다는 목소리가 높아졌어요. 사람들은 제돌이가 무사히 바다로 돌아갈 수 있도록 (　　)도 설치했습니다.

바다로 돌아간 제돌이
제돌이는 2013년 7월 13일 바다로 방류되었습니다. 그동안 사람들과 훈련을 받으며 살아온 제돌이가 야생에서 잘 적응할 수 있을지 사람들은 걱정을 했지요. 그래서 제돌이의 위치를 파악할 수 있도록 지느러미에 (　　)를 달았어요. 제돌이가 잘 적응하고 있는지 계속해서 살펴볼 예정이랍니다.

논리적으로 생각하기 1
동물 실험을 꼭 해야 하는 것일까?

동물 실험은 의약품이나 화장품 등을 인간이 사용하기 전에 부작용은 없는지, 효능은 어떻게 되는지를 알아보기 위해 동물을 이용해 실험하는 것을 가리키는 말이예요. 이것이 동물학대라는 논란과 그래도 필요하다는 주장이 팽팽히 맞서고 있지요. 다음 기사를 읽고 이야기를 나눠 봅시다.

화장품의 안전성을 확인하려면 살아 있는 토끼를 대상으로 '눈 점막 테스트'를 해야 한다. 이 과정에서 토끼는 생명을 잃거나 큰 고통을 겪는다. 국내 화장품 회사인 아모레퍼시픽 연구원들은 요즘 살아 있는 토끼 대신 막 도축한 소의 눈이나 달걀을 이용해 같은 실험을 한다.

실험동물로 가장 많이 쓰이고 있는 마우스 대신 관상 열대어인 제브라피시를 이용하는 사례도 많다. 같은 동물이지만 포유류인 마우스보다는 어류인 제브라피시가 부담이 덜하기 때문이다. 제브라피시는 인간과 유전자가 90%나 같아 유전자의 기능 등 다른 생명과학 실험에도 널리 쓰인다. 독성물질의 돌연변이 시험에는 더 하등한 동물인 살모넬라균이 쓰이기도 한다. 토끼 대신 달걀을 이용하는 '헷캠' 실험은 이미 세계적으로 널리 쓰이고 있다.

가장 이상적인 대체 기술은 동물을 아예 쓰지 않는 것이다. 로레알 등 유럽의 화장품 회사들은 실험동물 규제가 강해지면서 인공피부 등을 개발해 쓰고 있다. 사람의 피부세포를 배양한 뒤 진짜 피부처럼 3차원(3D) 조직을 만들어 화장품의 효능을 테스트하는 것이다.

실험동물 대체 기술은 1983년 미국 존스홉킨스대 의대의 3R연구소에서 본격적으로 논의되기 시작했다. 3R는 실험동물과 다른 방법을 사용하고(Replace), 수를 줄이며(Reduce), 고통을 완화한다(Refine)는 뜻이다. 독일 등 유럽에서도 1980년대 초부터 실험동물의 대안을 모색하는 단체가 생겨났고 일본도 2000년대 초반 관련 단체가 생겼다.

동아일보 2010/02/19

1. 실험동물로 가장 널리 쓰이는 토끼와 마우스를 대신하는 것은 무엇일까요?

2. 동물 실험을 대체할 수 있는 것으로 어떤 방법이 있나요?

3. 존스홉킨스대 의대에서 논의한 실험동물 대체 기술은 무엇인가요?

논리적으로 생각하기 2
사람이 사람의 생명을 빼앗아도 되는 걸까?

사형은 죄를 지은 사람의 생명을 빼앗는 형벌입니다. 사형 제도에 대해 폐지론을 주장하는 사람도 있지만 사형 제도가 필요하다고 주장하는 사람도 있습니다. 다음 기사를 읽고 이야기를 나누어 봅시다.

"사형제에 대해서 어떻게 생각하느냐"는 질문에 응답자의 72.3%가 "사형 제도 유지 및 사형 집행이 필요하다"고 대답했다. "사형 제도를 유지하되 사형 집행은 지금처럼 하지 말아야 한다"는 의견은 19.0%였고, 6.0%만이 사형제 폐지를 지지했다. 91.3%가 사형제 유지에 찬성한 것이다.

　이는 최근 반인륜적인 성범죄 등 각종 강력범죄가 끊이지 않고 있는 상황을 반영한 것으로 보인다. 성별로는 여성의 94.1%가 사형제 유지에 찬성했다. 여성의 77.7%는 사형 집행에도 찬성했다. 연령별로는 평소 진보적인 성향이 강한 30대가 사형 집행에 가장 많이(74.4%) 찬성해 눈길을 끌었다. 어린 자녀를 둔 부모가 많기 때문인 것으로 풀이된다.

동아일보 2012/09/10

1. 사형 제도에 대한 찬반 의견의 비율을 그래프로 그려 봅시다.

2. 사형 제도에 가장 많이 찬성한 사람은 어떤 사람들이고, 그 이유는 무엇인지 찾아서 써 봅시다.

사형을 찬성하는 사람들

이유

사과의 편지를 써 보아요.

그동안 못살게 굴고 괴롭힌 동물이 있었나요? 우리 집에서 키우는 강아지라고, 주인 없는 길고양이라고 해서 발로 차거나 못살게 굴지는 않았나요? 내가 함부로 대했던 동물들에게 사과의 편지를 써 봅시다.

예시 답안

제돌이가 돌아갔어요
1. 사회성, 11마리, 6마리
2. 제주도, 야생 적응 훈련장
3. 위성 위치 추적 장치

동물 실험을 꼭 해야하는 것일까?
1. 화장품 안전성에서 토끼를 대상으로 하는 눈 점막 테스트를 토끼대신 막 도축한 소의 눈이나 달걀을 이용. 마우스 대신 열대 관상어인 제브라피시를 많이 이용한다. 제브라피시는 인간의 유전자와 90%가 같아 다른 생명과학 실험에도 많이 쓰인다.
2. 가장 이상적인 것은 동물을 쓰지 않는 것으로, 화장품 회사들은 인공피부를 개발해 사용하고 있다. 사람의 피부세포를 배양한 뒤 진짜 피부처럼 3차원 조직을 만드는 것이다.
3. 3R는 실험동물과 다른 방법을 사용하고(Replace), 수를 줄이며(Reduce), 고통을 완화한다(Refine)는 뜻이다.

사람의 생명을 사람이 빼앗아도 되는 걸까?
1.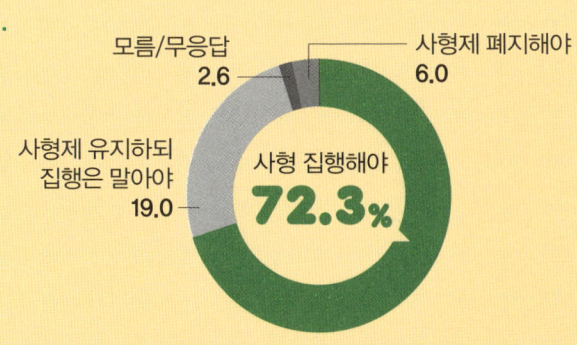
2. 진보적 성향이 강한 30대가 사형 집행에 가장 많이 찬성했다. 어린 자녀를 둔 부모가 많기 때문인 것으로 추측된다.

글쓴이 인현진
문예창작을 전공했고 다양한 글을 쓰고 있습니다. 여행과 사람들 만나는 걸 좋아해요. 나이가 들어도 철이 들지 않아 걱정이고요. 마당이 있는 집에서 사는 게 꿈이에요. 어린이를 위해 쓴 책으로는 〈고집쟁이 헬렌-헬렌 켈러〉〈독도에 바다사자 살았네〉〈사랑보다 더 큰 힘은 없습니다-마더 테레사〉〈카르티에 브레송-순간을 찍은 사진작가〉등이 있어요.

그린이 윤병주
윤병주 선생님은 서울시립대학교와 한국일러스트레이션학교에서 그림을 공부하였고 인터렉티브 그림책 작가로 활동하고 계십니다.
모든 아이들이 즐거워하고 상상력이 풍성해지는 그림책을 그리고 싶어 합니다.

초등 과학동아 토론왕 시리즈 ⑳ 너도 나도 똑같이 생명 존중

- 이 책에 실린 일부 내용은 《과학동아》, 《어린이과학동아》에 게재된 기사를 재인용하였습니다.
- 이 책에 실린 사진은 다음과 같이 기관으로부터 게재 허가를 받았습니다. (가나다 순)
  다만 출처를 잘못 알고 실은 사진이 있는 경우 해당 저작권자와 적법한 계약을 맺을 것입니다.

  동아일보
  위키피디아
  구글